Wenn's Recht kocht

Wenn's Recht kocht

Ein Kochbuch von und für Juristen

herausgegeben
von

Herbert Rainer

Manzsche Verlags- und Universitätsbuchhandlung

Printed in Austria

ISBN 3-214-07078-9

1014 Wien, Kohlmarkt 16
Telefon: (01) 531 61-0
Internet: www.MANZ.at
E-Mail: verlag@MANZ.at
Bestellen: bestellen@manz.at
Umschlaggestaltung: Wolfgang K. Buchner
Typografische Gestaltung & Satz: Christine Horn, 1070 Wien
Druck: Novographic Druck G.m.b.H., 1238 Wien

VORWORT

Warum schreiben Juristen ein Kochbuch? Angeregt durch den französischen Richter, Politiker und Schriftsteller Jean Anthelme Brillat-Savarin (1755–1826) und dessen Ansicht, dass das Erforschen eines neuen Gerichtes mehr für die menschliche Fröhlichkeit tut als das Erforschen eines neuen Sterns (lesenswert übrigens seine „Physiologie des Geschmacks oder Betrachtungen über das höhere Tafelvergnügen“), wollte ich herausfinden, welche Speisen und Getränke die namhaften Juristinnen und Juristen des Landes sowie Personen, die aufgrund ihrer Funktion in einem engen Naheverhältnis zum österreichischen Rechtsleben stehen, auf ihre persönliche Speisekarte setzen und welchen Tropfen sie aus dem Keller holen.
Die Verantwortlichen des Verlages Manz von der Idee zu überzeugen, war erstaunlich einfach (sie essen wohl selbst gerne). Die Idee kam an, Sie halten das Ergebnis in Händen und ich hoffe, Sie finden es amüsant und spannend.
Ob die Ansicht Voltaires richtig ist, dass Menschen mit Geist und Witz auch immer eine feine Zunge besitzen, jene aber mit stumpfem Gaumen beides entbehren, gilt es nun an Hand der verlockenden Rezepte zu erforschen. Deren Bandbreite ist beeindruckend, der Beweis, dass die Suada des Damen-Conversationslexikons von 1835 unrichtig ist, wonach „nur Wiens unvergleichliche Bäckereien und gebackene Händel sich rühmen können, allen Nationen gleich zu behagen“.
Da man an der Tafel nicht altert, wie die Italiener meinen und ausgiebig zelebrieren, wünsche ich Ihnen, dass Sie die Zeit und Lust haben, das eine oder andere Rezept auszuprobieren und zu genießen. Kallimachos sagt zwar, dass „alles was ich meinem Magen gegeben habe, verschwunden ist und alle Nahrung, die ich meinem Geist gegeben habe, habe ich bewahrt“, lassen Sie sich davon aber nicht abschrecken. Und wie die Juristen lernen, Ihren Standpunkt „unumwunden vorzubringen“, wünsche ich Ihnen für Ihre Kochbemühungen unumwundene und wagemutige Sorglosigkeit.

Herbert Rainer

ZUM GELEIT

von Lisl Wagner-Bacher

„Wenn's Recht kocht" gab den Anstoß, mich mit einigen interessanten Fragen zu beschäftigen: Warum sind Juristen häufig Gourmets, bringen als Hobbyköche mehr als nur ein schmackhaftes Gericht auf den Tisch und verstehen sich oft als feinsinnige Koster und Verkoster? Und: Warum dürfen wir im Landhaus Bacher eine erfreuliche Anzahl Juristen zu unseren Stammgästen zählen?
Den Koch und den Juristen eint auf den ersten Blick eigentlich nichts. Hier der sinnlich Tätige, der kreativ ans Tagewerk geht, dort der Rechtsgelehrte, den man – so das Klischee – sich beim Schreibtisch sitzend, umgeben von Stößen von Papier und Büchern, vorstellt. Doch bei näherer Betrachtung gibt es einige Gemeinsamkeiten, die beide Tätigkeiten strukturieren. Es ist sicherlich einmal die Liebe zum Detail, die beiden eigen ist. Dazu kommen oft noch eine gehörige Portion Akribie und die Fähigkeit, in systematisch-schrittweisem Vorgehen das Ergebnis der Arbeit anzupeilen – Eigenschaften, ohne die ein Gericht (in beider Wortsinn) nicht auskommen kann.
Genau wie die Zubereitung eines mehrgängigen Gerichtes neben der fundierten Kenntnis der Grundlagen der Kochkunst auch eines bestimmen Weitblickes bedarf und Sorgfalt und Koordination unumgänglich sind, sind für den Juristen ein breites Basiswissen, Genauigkeit und das Zusammenspiel vieler Elemente prägend – nur der Inhalt ist ein anderer: hier die Rezeptur für einen luftigen Blätterteig, dort die Strafprozessordnung, hier ein Wiener Backhenderl, dort das Allgemeine Bürgerliche Gesetzbuch.
Worin liegt der Unterschied, wenn ein Jurist einen Gesetzesentwurf begutachtet oder ein Koch eine neue Kreation verkostet? Wenn ein Rechtsanwaltsanwärter ab und an kopiert, den Kaffee holt, der Jungkoch auch dann und wann Erdäpfel schält, das Besteck putzt? Und: Juristen und Köche sind (neben Polizisten) scheinbar vom TV-Publikum in aller Welt zurzeit am meisten nachgefragt. Woran dies wohl liegt?

Dieses fachlich fundierte und trotzdem kurzweilige Kochbuch hat mich einige Male zum Schmunzeln gebracht. Einiges war – in dieser Form – auch für mich neu, lädt aber ein zum Ausprobieren; und nichts geht über die darin präsentierten Tipps, die oftmals das Kochen ungemein erleichtern. Nicht überraschend für mich war der große Zuspruch für österreichische Weine; dass die mediterrane Küche stark vertreten war, liegt wohl an unserer Sehnsucht nach der Leichtigkeit des Südens. Aufschlussreich fand ich insgesamt, wie viel die Auswahl eines einzelnen Gerichtes und die Beantwortung einiger weniger Fragen über eine Person aussagen können.

Ich darf Sie herzlich einladen, in diesem amüsanten Kochbuch zu blättern und auch das eine oder andere Gericht nachzukochen, auf dass es „Recht kocht"

Lisl Wagner-Bacher
Landhaus Bacher, Mautern/Wachau
info@landhaus-bacher.at

DEM WEIN SEIN RECHT

Eines der strengsten Weingesetze der Welt bildet in Österreich die Grundlage für die Produktion hochwertiger Qualitätsweine und schützt den Konsumenten vor bösen Geistern in der Flasche. Das war nicht immer so.

von Klaus Egle

Wie kommt das Holz in den Wein? Dass in Ländern mit weniger rigider Weingesetzgebung, wie Australien, die Weine mit so genannten „Oak-Chips", also Spänen von Eichenholz, versetzt werden, um den beliebten, durch den aufwändigen Ausbau in Barriquefässern erzielten „Holz-Touch" nachzuahmen, ist bekannt. Dass diese Chips aber mit Ruderbooten, die in den riesigen Weintanks herumgondeln, ausgestreut werden, hatte ich bisher auch noch nicht gewusst … Es kann ja auch nur ein Gerücht sein. Aber möglich wäre es schon. Hierzulande allerdings nicht. Nach dem Weinskandal von 1985, im Zuge dessen einige wenige Weinhändler – auch „Schwarze Schafe" genannt – eine ganze Branche in Misskredit gebracht haben, verpasste sich Österreich ein strenges Weingesetz und schuf damit die Basis für den qualitativen Boom, den die heimische Weinszene seither erlebt hat.

Weingesetze gibt es wohl, seit Wein gekeltert wird. Denn immer war die Versuchung groß, der Natur auf die eine oder andere Weise nach- und auf die Sprünge zu helfen und durch die Beigabe von allerlei Mittelchen etwas vorzutäuschen, das eigentlich gar nicht da war. Von der im Mittelalter und bereits in der Antike üblichen Wässerung will ich dabei gar nicht reden; angesichts der Qualität der Weine war diese wohl eher ein Beitrag zur Erhaltung der Gesundheit als eine Verfälschung. Wenn aber ein deutscher Chronist beklagt, dass Weinhändler bereits im 12. Jahrhundert durch die Zugabe von Substanzen wie Bleiweiß, Vitriol, Ingwer, Lehm, Asche, Salz oder Senf deutsche Weine in die wesentlich hochwerti-

geren und teureren Spezialweine aus dem Mittelmeerraum „verwandelten“, dann wird schnell klar, dass ein Weingesetz zu allen Zeiten vonnöten war.
In Österreich dürfte das Weinrecht eines der ältesten überhaupt sein. Es existieren darüber Aufzeichnungen aus dem 13. Jahrhundert, die sich bereits auf mündliche Überlieferung stützten und vor allem den Ausschank von Wein regeln. Eines der Gesetze, von dem wir bis heute profitieren, ist die Buschenschankverordnung aus dem Jahr 1784, in der Kaiser Josef II. den Weinhauern erlaubte, selbst erzeugte Produkte wie Brot, Käse und natürlich den Wein im eigenen Haus zu verkaufen – die Geburtsstunde des Heurigen!
Daneben gab es aber auch Vorschriften, wie mit Weinpantschern und Traubendieben zu verfahren sei, die wir nach heutigen Rechtsvorstellungen wohl nicht mehr als sehr zeitgemäß ansehen würden. Wer etwa im 14. Jahrhundert einen Weingarten plünderte und dabei erwischt wurde, konnte sich zumindest auf Hiebe auf die Fußsohlen und eine saftige Strafe gefasst machen, wobei auch das Abschneiden der Ohren als besonders drastische Option „lockte“. Weinpantschern erging es nicht viel besser. Im Wien des 18. Jahrhunderts tendierte man zwar bereits zu einer eher liberalen Auffassung und verdonnerte im Jahr 1727 einige Händler und Buschenschänker, die sich ihren eigenen „Tokajer“ zusammengekocht hatten, nur dazu, den Wein auf ihre Kosten zu vernichten und die Fässer zu zerschlagen. Ein paar hundert Jahre früher zeigte man sich diesbezüglich weniger zart besaitet. Weinpantscher wurden kurzerhand in die Fässer mit dem eigenen Gebräu geworfen und dabei nicht selten ersäuft …
Doch nicht nur die Herstellung und der Verkauf von Wein unterliegen seit jeher gesetzlichen Regelungen – auch deren Konsum wurde immer wieder eingeschränkt oder gleich verboten. So kamen mächtige amerikanische Lobbies sowie die Kirchen und Gewerkschaften nach dem ersten Weltkrieg zum Schluss, dass Alkohol die Ursache – fast – allen Übels sei und erreichten, dass im Jahr 1919 ein völliges Verbot für die Produktion und den Konsum von alkoholischen Getränken erlassen wurde. In der folgenden, bis zum Jahr 1933 dauernden Prohibitionszeit kam der Weinbau in

Amerika fast völlig zum Erliegen. Dass dieses Gesetz von Schwarzbrennern oder Winzern, die Tafeltrauben zu Wein verarbeiteten, jedoch immer wieder umgangen wurde, ist nicht zuletzt durch in den Zwanziger- und Dreißigerjahren des vorigen Jahrhunderts spielende Gangsterfilme allgemein bekannt. Der Diskurs rund um die – mehr oder weniger edlen – Tropfen wurde hier meist schlagkräftig oder mit gezückter Waffe geführt.
Ebenfalls ziemlich drastisch geht es in einer Anekdote aus der österreichischen Weinbaugeschichte zu, wobei hier nicht ein Verbot, sondern eher ein Zuviel des guten Weines im Mittelpunkt steht. Philippine Welser, bekannt als erste Autorin eines österreichischen Kochbuches, liebte es, gemeinsam mit ihrem Mann, dem Habsburgerherzog Ferdinand II., ausgewählten Gästen auf ihrem Schloss Ambras bei Innsbruck deftige Streiche zu spielen. Tat sich einer als Weinkenner hervor, so wurde er gebeten, auf einem Verkosterstuhl Platz zu nehmen, der den armen Delinquenten alsgleich mit versteckten Fangeisen an Oberarmen und Unterschenkeln fesselte. Sodann wurde der Proband genötigt, ein randvoll mit Wein gefülltes, etwa einen Viertel Meter hohes Juxgefäß auf einen Zug zu leeren. Gelang ihm dies nicht, wurde die Prozedur wiederholt und zwar so lange, bis das fröhliche Fürstenpaar ein erfreutes „Ex“ konstatieren konnte. Eine etwas extensive Auslegung des Rechts als Gastgeber, dafür erwarb sich der erfolgreiche Degustator das Recht, seinen Namen anschließend ins Ambraser Trinkbuch einzutragen.

*Klaus Egle ist Journalist und Autor von Weinbüchern; soeben erschienen: **„Lust auf Wein – Klaus Egles genussvolles Weinmaleins“** (Verlag Pichler) und **„Steirisches Weinland – Entdecken – Erleben – Genießen“** (Verlag Styria)*

DIE AUTOREN

Bachmann, Susanne
Bammer, Armin
Bapuly, Bedanna
Benn-Ibler, Gerhard
Bräm, Verena
Brenn, Christoph
Bydlinski, Sonja
Cutka, Franz
Deixler-Hübner, Astrid
Drexler, Karl
Elsner, Bernt
Ferrero-Waldner, Benita
Fischler, Franz
Flora, Margarethe
Forgó, Nikolaus
Freudenschuss-Reichl, Irene
Gitschthaler, Edwin
Glawischnig, Eva
Grassl-Palten, Eva
Hager, Gerhard
Harrer, Friedrich
Hausreither, Meinhild
Hirsch, Christine
Holoubek, Michael
Hopf, Herbert
Isola, Alexander
Jelinek, Andrea
Juen, Thomas
Kalss, Susanne
Karasek, Georg
Karl, Beatrix
Khol, Andreas
Kirchbacher, Kurt
Kletečka, Andreas
Kletečka-Pulker, Maria
Knell, Alexandra
Kommenda, Benedikt
Korinek, Stephan
Kraler, Reinhard
Lewisch, Peter
Mayer, Heinz
Meissel, Franz-Stefan
Pleischl, Werner
Presslauer, Walter
Rainer, Herbert
Reiber, Andrea
Reindl, Susanne
Reinisch, August
Risak, Martin E.
Ritzberger-Moser, Anna
Scheibenpflug, Christel
Schenk, Brigitte
Soravia, Hanno
Stranzinger, Thomas
Strasser, Ernst
Strauss, Eduard
Terp, Franz
Thun-Hohenstein, Christoph
Vonkilch, Andreas
Weilinger, Arthur
Widhalm-Budak, Katharina
Zehetner, Jörg

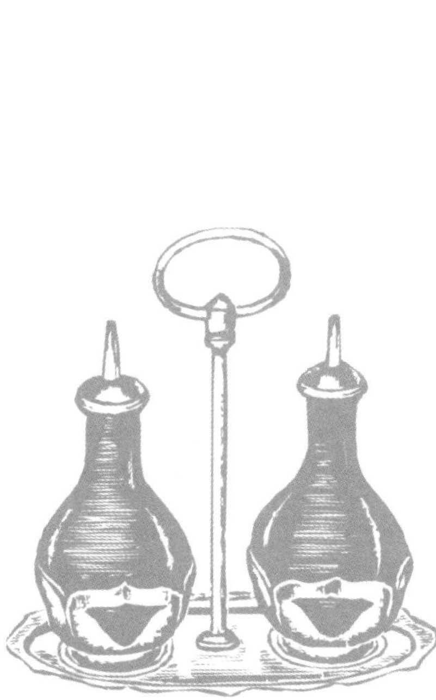

DR. SUSANNE BACHMANN

Juristin im Parlament

KULINARISCHE VITA

Mein kulinarisches Vorbild:
Meine Großmutter

Meine bevorzugte kulinarische Region:
Mittelitalien

Mein Kühlschrank enthält zumindest immer:
Jogurt, Tomaten, Mozzarella, Piccolo-Sekt

Mein größtes kulinarisches Missgeschick:
Eine Gemüsetorte fiel mir beim Rausziehen aus dem Rohr aus der Hand und zerfiel am Boden in ihre Bestandteile.

Beschreiben Sie Ihr Wunsch-Geburtstags-Menü:
Tafelspitz mit Suppe, Apfelkren und Rösti, Sachertorte

Wen würden Sie gerne bekochen?
Am liebsten bekoche ich liebe Freunde.

Was würde ich auf keinen Fall essen:
Pudding und alles, was sonst wabbelt

Heißhunger verspüre ich zeitweise auf:
Marzipan überzogen mit Bitterschokolade

Essen bedeutet für mich:
Augen- und Gaumenschmaus – ich hoffe, wir müssen nie von Pillen leben.

LANDFRISCHKÄSESTRUDEL

Zutaten für 4 Personen:
2 Becher Landfrischkäse, Strudelblätter für 2 Strudel, 200 g Pressschinken würfelig geschnitten, 50 g Grieß, 100 g Blattspinat gehackt, 3 Eidotter, 50 g Zwiebel fein geschnitten, Knoblauch, Muskatnuss, Salz, Pfeffer, Öl

Zwiebel in Öl anbraten, Blattspinat dazugeben, ein bisschen dünsten, abkühlen lassen. Landfrischkäse mit Grieß und Eidotter darunter mischen, dann den Schinken dazugeben und mit Knoblauch, Salz, Pfeffer und Muskatnuss würzen. Die Masse in mit Butter oder Margarine bestrichene Strudelblätter füllen, auf ein mit Backpapier ausgelegtes Blech legen, mit Öl bestreichen und bei ca. 220°C ca. 1/2 Stunde backen.
Als Beilage passt sehr gut gemischter Blattsalat.
***Weinempfehlung:** Zu diesem Gericht passt ein leichter Weißwein.*

Mein persönlicher Koch-Tipp

Mousse au Chocolat, das immer gelingt
300 g Bitterschokolade mit 1 Becher Créme fraîche langsam unter Rühren schmelzen, 2 EL Rum oder starken Kaffee dazugeben, 4 Eiweiß steif schlagen, 3 gehäufte EL Staubzucker dazu geben, zuerst 2 EL Schokoladencreme, dann den Rest unterheben. Über Nacht im Kühlschrank fest werden lassen.

DR. ARMIN BAMMER

Rechtsanwalt, Bammer & Keider

KULINARISCHE VITA

Mein kulinarisches Vorbild:
Rudolf Kellner

Meine bevorzugte kulinarische Region:
Italien

Mein Kühlschrank enthält zumindest immer:
Selbstgemachte tiefgefrorene Pastasaucen, Parmesan, Knoblauch, Weißwein

Mein größtes kulinarisches Missgeschick:
Im Bereich des Unauffälligen. Aber ich hatte immer höfliche Gäste.

Beschreiben Sie Ihr Wunsch-Geburtstags-Menü:
Rindsuppe mit Schnittlauch, Spaghetti alla puttanesca, Crème brulée

Wen würden Sie gerne bekochen?
Sophia Loren und Bill Clinton

Was würde ich auf keinen Fall essen:
Bananen

Heißhunger verspüre ich zeitweise auf:
Tramezzini Diavolo beim Van Veinsten am Franziskanerplatz

Essen bedeutet für mich:
Im schlimmsten Fall: Rettung vor dem Verhungern
Im besten Fall: Pure Lust

RISOTTO MIT SCAMPI UND RUCOLA

Zutaten für 4 Personen:
3 mittelgroße weiße Zwiebeln, ca. 100 g Butter, 250–300 g Rundkornreis, 1 Hühner-Suppenwürfel, 5–7 Knoblauchzehen, 1/4 l Weißwein, 100–200 g Rucola, 50–80 g Parmesan, 200 g Scampi (vorgekocht)

Die Zwiebeln und den Knoblauch fein hacken. Ca. 1/2 l Wasser samt Suppenwürfel erhitzen. In einem Topf die Butter erhitzen, die Zwiebeln zugeben und andünsten, nach ca. 2 Minuten den Knoblauch zugeben, nach einer weiteren Minute den Reis. Unter ständigem (!) Rühren ca. 2–3 Minuten glasig dünsten, dann den (bereits vorgekosteten!) Wein zugießen und unter ständigem Rühren ankochen lassen. Ein wenig Brühe zugeben, aufkochen lassen, dann ca. 15–25 Minuten ständig rühren, immer wieder Brühe zugeben, bei kleiner Flamme quellen lassen. Zwischenzeitig den Rucola fein schneiden. Solange Brühe zugeben, bis der Reis beinahe gar ist. Dann die Scampi in der restlichen Brühe ca. 1 Minute bei kleiner Flamme kochen, gemeinsam mit dem Parmesan und dem Rucola dem Reis zugeben und gut verrühren.
Weinempfehlung: *Galestro*

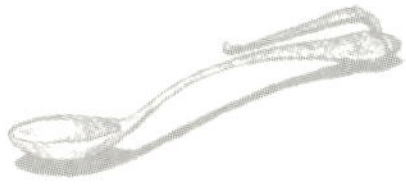

Mein persönlicher Koch-Tipp

Der eigene Gewürzgarten

Auch in kleinen Stadtwohnungen gibt es geeignete sonnige oder halbschattige Lagen für einen kleinen, feinen Gewürzgarten. Die größte Auswahl an frischen Gewürzstöcken findet man in Wien am Beginn des zweiten, stadtauswärts gelegenen Teils des Naschmarkts. Mit ein wenig Gespür für die richtige Menge Licht und Wasser entsteht so manches kleine Duft- und Wuchswunder – zum Beispiel Basilikum, Oregano, Rosmarin und Chili.

MAG. DR. BEDANNA BAPULY

Wissenschaftliche Mitarbeiterin an der Österreichischen Akademie der Wissenschaften

KULINARISCHE VITA

Mein kulinarisches Vorbild:
„The Naked Chef" Jamie Oliver

Meine bevorzugte kulinarische Region:
Frischer Fisch am Meer, sei es am Mittelmeer, Atlantik oder indischen Ozean

Mein Kühlschrank enthält zumindest immer:
Zumindest eine Flasche österreichischen Weißwein, meist ein Ruländer, Weißburgunder oder Morillon vom Bullmann

Mein größtes kulinarisches Missgeschick:
Als ich im zarten Alter von 10 Jahren versuchte, Wasser an heißes Öl zu gießen, um die Eierspeise möglichst fettarm zuzubereiten …

Beschreiben Sie Ihr Wunsch-Geburtstags-Menü:
Seezungenröllchen mit Safranschaum, dazu Ruländer, danach Thunfischsteak mit Rosmarin und Fisolen, dazu Ribera del Duero (Penalosa – Reserva) und als Dessert frische Erdbeeren

Wen würden Sie gerne bekochen?
Javier Solana

Was würde ich auf keinen Fall essen:
Mohnnudeln, Kartoffelpuffer, Schlangen, …

Heißhunger verspüre ich zeitweise auf:
Thunfischspaghetti mit Kapern und Jungzwiebeln

Essen bedeutet für mich:
Vorfreude auf kulinarische Genüsse, beim Kochen die Gabe, Zutaten in ein kreatives Oeuvre zu verwandeln, ein Fest für alle Sinne zelebrieren und danach – „non, je ne regrette rien".

LAMMCURRY

Zutaten für 4 Personen:
1 kg in Würfel geschnittene Lammkeule, 25 g Ingwer, 1,5 TL Chilipulver, 2 TL Safran, Salz, 25 g gepressten Knoblauch, 200 g fein gehackte Zwiebel, 1 EL Maiskeimöl, 4 kleine, in Würfel geschnittene Kartoffeln, 1–2 geviertelte Tomaten, 5 g Zimt, 5 g Nelken, 5 g im Mörser zerstoßenen Koriander, 2 Lorbeerblätter, für den Reis: 2 Tassen Basmatireis, Safran, Butter (nach Geschmack)

Lamm mit Ingwer, Chili, Safran, Salz, Knoblauch und Zwiebel einbalsamieren und einige Stunden kühl stellen, damit die Gewürze schön einziehen. 1 EL Öl in einer großen Pfanne erwärmen, das einbalsamierte Lamm darin kurz anbraten. Mit ein wenig Wasser abschrecken, Kartoffeln und Tomaten hinzufügen und kochen, bis alles gar ist. Nun Zimt, Nelken und Koriander hinzufügen und auf kleiner Flamme weiter köcheln, bis die gewünschte Sämigkeit eintritt. Kurz vor dem Servieren die Lorbeerblätter hinzufügen. Den Reis kochen, Safranfäden und ein wenig Butter unterheben. Bon appetit!
Weinempfehlung: *Kein Wein, sondern Mangosaft oder Kingfisher-Beer*

Mein persönlicher Koch-Tipp

Blätterteigtaschen mit Gemüse
Zucchini, Karotten und Jungzwiebeln in feine Würfel schneiden. Zwiebel in wenig Öl anschwitzen, Zucchini und Karotten dazugeben, mit Salz, weißem Pfeffer und Curry würzen und kurz dünsten. Das Gemüse auf die Blätterteigquadrate legen und zu Dreiecken formen. Das Ganze im Rohr backen, dazu eine Sauce aus Sauerrahm, Jogurt, Salz und Curry reichen.

DR. GERHARD BENN-IBLER

Rechtsanwalt, Weiss-Tessbach Rechtsanwälte GmbH,
Präsident des Österreichischen
Rechtsanwaltskammertages

KULINARISCHE VITA

Mein kulinarisches Vorbild:
Restaurant Heinzle, Weißenkirchen in der Wachau.
Wenn Sie Fisch mögen, werden Sie begeistert sein.

Meine bevorzugte kulinarische Region:
Niederösterreich

Mein Kühlschrank enthält zumindest immer:
Eine Flasche Grünen Veltliner

Mein größtes kulinarisches Missgeschick:
Grillen im Freien

Beschreiben Sie Ihr Wunsch-Geburtstags-Menü:
Spargelrisotto, Minestrone, Branzino auf Gemüsesockel, dazu Pinot Grigio. Oder als Alternative: Knoblauchcremesuppe, gebratene Ente mit Rotkraut und Knödel, dazu Bier und Zweigelt

Wen würden Sie gerne bekochen?
Nur mutige Esser, die den Willen für das Werk gelten lassen.

Was würde ich auf keinen Fall essen:
Huhn in jeder Form der Zubereitung

Heißhunger verspüre ich zeitweise auf:
Warmen Leberkäse und kaltes Bier

Essen bedeutet für mich:
In freundlicher Umgebung mit Freunden gemeinsam die Vorzüge einer guten Küche genießen.

FORELLE MIT KRÄUTERN UND KNOBLAUCH IN BUTTER GEBRATEN

Zutaten für 4 Personen:
4 Forellen à 300 g, Salz, Zitrone, 4 EL Butterschmalz, 2 Knoblauchzehen, 4 EL gemischte Kräuter gehackt (z.B. Petersilie, Schnittlauch, Basilikum, Thymian, Dille, Pimpanelle, Boretsch etc.), Mehl zum Stauben, 4 EL Butter

Forellen gut säubern, innen und außen salzen und mit Zitronensaft würzen, in Mehl wenden. Einige Kräuterzweige in die Bauchhöhle geben, dann die Forellen in sehr heißem Butterschmalz knusprig anbraten, umdrehen und für ca. 8 Minuten ins 220°C heiße Rohr. Am Herd noch einmal knusprig anbraten, Kräuter aus der Bauchhöhle entfernen und die Forelle aus der Pfanne heben. Butter schmelzen, den fein gehackten Knoblauch und die gemischten Kräuter dazugeben, ohne Farbe annehmen zu lassen aufschäumen und über die Forellen gießen. Dazu Petersilerdäpfel servieren.
Weinempfehlung: *Riesling Smaragd aus der Wachau*

Mein persönlicher Koch-Tipp

Zum Braten von Forellen eignen sich am besten schwere Gusseisenpfannen oder ovale Teflonpfannen. Die Pfannen sollten sehr heiß sein, um das Ankleben der Fische am Pfannenboden zu vermeiden.

VERENA BRÄM, LIC. IUR.

Rechtsanwältin, ehemalige Richterin am Zürcher Obergericht

KULINARISCHE VITA

Mein kulinarisches Vorbild:
Peter Brunner von der „Reblaube" in der Altstadt von Zürich. Als Goethe auf seiner Schweizer Reise Zürich besuchte, war die Reblaube, wie man heute sagen würde, ein In-Lokal.

Meine bevorzugte kulinarische Region:
Italien

Mein Kühlschrank enthält zumindest immer:
Parmesan und Butter

Mein größtes kulinarisches Missgeschick:
Ein missratenes Käsefondue. Ich war noch sehr jung. Da ich nichts anderes im Haus hatte, servierte ich das missratene Fondue mit „Pokerface" den Gästen (Schweizer Offiziere). Sie merkten nichts.

Beschreiben Sie Ihr Wunsch-Geburtstags-Menü:
Linsen mit Gemüse und Speckwürfeli. Ich hatte von jeher dafür Verständnis, dass Esau seinem Bruder Jakob sein Erstgeburtsrecht für ein Linsengericht verkaufte.

Wen würden Sie gerne bekochen?
Frau Micheline Calmy-Rey, die neue Schweizer Außenministerin

Was würde ich auf keinen Fall essen:
Pferdefleisch

Heißhunger verspüre ich zeitweise auf:
Dunkle Schokolade

Essen bedeutet für mich:
Vergnügen

PLÄTZLI À LA MINUTE

Zutaten für 4 Personen:
300–400 g ganz dünn geschnittene Rindsplätzli (Schnitzel). Lassen Sie sich die Plätzli vom Metzger mit der Maschine schneiden. Verlangen Sie ein Fleischstück, das sich für die Zubereitung à la minute eignet. Bratbutter, Salz, Pfeffer, frische Kräuter (am besten Basilikum). Risotto: 1 Zwiebel, Bratbutter, 300 g Risottoreis (z.B. Arborio), 2 dl trockenen Weißwein, 6–7 dl Bouillon (z.B. Hühnerbrühe), Salz, 1 großes Stück Butter, 1 Tasse geriebenen Parmesan

Plätzli à la minute: Die dünn geschnittenen Plätzli in der heißen Bratbutter beidseitig kurz anbraten, mit Salz und Pfeffer würzen und mit dem geschnittenen Basilikum überstreuen. Sofort servieren. Risotto: Zwiebel in Streifen schneiden, in Bratbutter andämpfen. Reis dazugeben und mitdämpfen, bis er glasig wird. Mit Weißwein ablöschen, Bouillon dazu geben. Eventuell mit Salz nachwürzen. Je nach Reissorte 15–20 Minuten auf kleinem Feuer kochen lassen. Häufig umrühren; verdampftes Wasser ersetzen, damit der Reis sämig bleibt. Vor dem Servieren Butter und Parmesan unter den Reis mischen. Mit Parmesan servieren.
Weinempfehlung: *Leichter Rotwein (z.B. Quintener vom Walensee/Schweiz)*

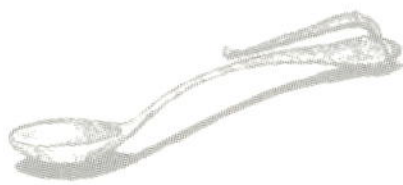

Mein persönlicher Koch-Tipp

Verwenden Sie nur frische Rohstoffe. Kaufen Sie sorgfältig ein, das ist bereits die Hälfte des Erfolgs.
Einfache Gerichte schmecken am besten. Fleisch soll wie Fleisch, Fisch wie Fisch aussehen und auch so schmecken.
Gönnen Sie sich bereits beim Kochen ein Gläschen Wein.

DR. CHRISTOPH BRENN

Richter am Landesgericht Innsbruck, Lektor am Institut für Handels- und Wertpapierrecht, Universität Wien

KULINARISCHE VITA

Mein kulinarisches Vorbild:
Günter Eberl, Restaurant Schwan in Wattens. Ein Besuch in Tirol lohnt sich allemal, auch zum Tafeln.

Meine bevorzugte kulinarische Region:
Italien: Ars vivendi – die Kunst, das Leben zu genießen – fängt in Italien beim Essen an.

Mein Kühlschrank enthält zumindest immer:
Milchprodukte in rauen Mengen und unterschiedlichen Variationen, Leffe brune, Parmesan

Mein größtes kulinarisches Missgeschick:
Es sollte Topfencreme mit frischen Früchten werden. Die Früchte waren auch frisch, der Geschmack jedoch fürchterlich, denn der Vanillezucker entpuppte sich als Backpulver.

Beschreiben Sie Ihr Wunsch-Geburtstags-Menü:
Marinierte Eierschwammerl auf Vogerlsalat, rosa gebratener Rehrücken mit Topfen-Preiselbeertascherln, Orangenparfait auf karamellisierter Orangensauce

Wen würden Sie gerne bekochen?
Meine Freundin bei Sonnenuntergang am Meeresstrand

Was würde ich auf keinen Fall essen:
Jede Art von Innereien, Hirn, Zunge, Hasen- und Känguruhfleisch, Froschschenkel, Piranhas, unbekannte Pilze

Heißhunger verspüre ich zeitweise auf:
Mozzarella mit Tomaten, Pizza, Cornflakes, Vanilleeis, Schokolade

Essen bedeutet für mich:
Überleben – durch tägliche Nahrungsaufnahme, z.B. Frühstück im Stehen; Sozialkontakt – beim täglichen Mittagessen mit befreundeten Kollegen; Lifestile – kulinarische Höhepunkte und erlesene Weine in gediegenen Lokalen; Leidenschaft – das Leben mit den liebsten Menschen bei Mondschein oder Kerzenlicht genießen und die Seele baumeln lassen.

SAIBLINGFILET MIT ZUCCHINI-GEMÜSE

Zutaten für 4 Personen:
500 g Saiblingfilets (entgrätet, in 6 cm große Stücke geschnitten), Saft von 1/2 Zitrone, 1 EL Olivenöl, Salz, 1 Rosmarinzweig, 2 Schalotten und 1 Knoblauchzehe (fein geschnitten), 1 EL Olivenöl, 2 Zucchini (in Würfel geschnitten), 1 TL Honig, 1 Rosmarinzweig, 1/16 l Weißwein, Salz und Pfeffer

Schalotten und Knoblauch in Olivenöl glasig werden lassen. Zucchini, Honig und Rosmarin beigeben und das Ganze mit Wein ablöschen. Zwei Minuten dünsten und anschließend salzen und pfeffern. Die Saiblingfilets mit Zitronensaft und Salz würzen und auf der Hautseite in Olivenöl mit Rosmarin anbraten. Den Fisch mit der Hautseite nach oben auf dem Zucchini-Gemüse anrichten und mit Rosmarin garnieren.
Weinempfehlung: *Rheinriesling Kabinett, Weingut Schwertführer 47er, Sooß*

Mein persönlicher Koch-Tipp

Spargelrisotto
Zwiebel und Knoblauch in Olivenöl glasig werden lassen. Risottoreis beigeben und mit Weißwein ablöschen. Unter ständigem Rühren mehrmals mit erhitztem Hühnerfond aufgießen, bis der Reis weich ist. Gekochten grünen Bio-Spargel, einen Löffel Butter und frisch geriebenen Parmesan nach Geschmack unterrühren. Mit Salz und Pfeffer abschmecken.

DR. SONJA BYDLINSKI

Abteilungsleiterin in der Zivilrechtssektion des Bundesministeriums für Justiz

KULINARISCHE VITA

Mein kulinarisches Vorbild:
Harald Geringer, Küchenchef im Bundesministerium für Justiz

Meine bevorzugte kulinarische Region:
Süditalien

Mein Kühlschrank enthält zumindest immer:
Saures und Scharfes für die schnelle Küche

Mein größtes kulinarisches Missgeschick:
Verwechslung von Senfkörnern mit Quinoa (in einem Gemüseauflauf)

Beschreiben Sie Ihr Wunsch-Geburtstags-Menü:
Italienischer Antipasti-Teller, Pfeffersteak, exotischer Eisbecher

Wen würden Sie gerne bekochen?
Experimentierfreudige ausländische Gäste

Was würde ich auf keinen Fall essen:
Gewisse Innereien

Heißhunger verspüre ich zeitweise auf:
Schokolade

Essen bedeutet für mich:
Entspannung, Abwechslung, Stressabbau und Stärkung

PILZSUPPE „CONFIANCE“

Zutaten für 4 Personen:
1/2 kg verschiedene Pilze der Saison (Wald-, Wiesen- und Anischampignons, Hexenröhrlinge, Schopftintlinge, Schweinsohren, Zigeunerpilze, Totentrompeten, Rötelritterlinge, Frauentäublinge, Rotkappen, Anistrichterlinge, Austernseitlinge, Samtfußrüblinge, Nelkenschwindlinge usw., notfalls auch Eierschwammerl, Herrenpilze oder Zuchtchampignons), 2 kleine Zwiebeln, Suppenzeug, 2 EL Butter, 2 gestrichene TL Mehl, etwas Salz und Pfeffer, ca. 1 l Wasser, 1 bis 2 Eigelb, 1/4 l Obers, nach Geschmack geriebene Muskatnuss, gehackte Petersilie
Zubereitungszeit: ca. 60 Minuten

Die gut geputzten Pilze blättrig oder kleinwürfelig schneiden. Die geschälten Zwiebeln und das Suppenzeug zerkleinern. In der Butter die Pilze, die Zwiebeln und das Suppenzeug leicht anbraten. Mit dem Mehl bestäuben, salzen und pfeffern und mit dem Wasser ca. 30 Minuten bei milder Hitze kochen. Nach dem Abschalten der Wärme – die Suppe darf dann nicht mehr kochen – das Eigelb im Obers verrühren und die Suppe damit legieren. Soll der Pilzgeschmack besonders betont werden, so können dem Gericht auch noch (vorher einige Stunden eingeweichte) getrocknete Pilze oder Pilzpulver beigegeben werden. Nach Geschmack mit Muskatnuss würzen. Zuletzt die Petersilie aufstreuen.
Weinempfehlung: *Pinot Noir Barrique 1999 von Anton Iby, Horitschon (Weinbaugebiet Mittelburgenland); Rebsorte blauer Burgunder. Ein kräftiger, geradliniger Burgunder, der mit seinen Beeren- und Holzaromen sowie seiner dezenten Kräuterwürze passend zur Suppe Assoziationen mit Waldboden und Unterholz weckt.*

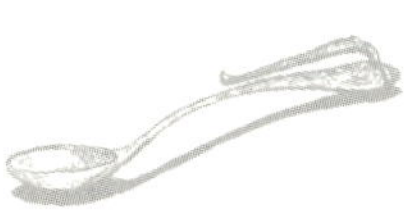

Mein persönlicher Koch-Tipp

Ein Gläschen des Pinot Noir Barrique 1999 schon zum Kochen trinken.

DR. FRANZ CUTKA

Vizepräsident des Landesgerichts St. Pölten

KULINARISCHE VITA

Mein kulinarisches Vorbild:
Robert Granitzer vom Bertahof in Vorderschneeberg/Bad Hofgastein: Hervorragendes Schaffen aus den Produkten rund um den Hof

Meine bevorzugte kulinarische Region:
Piemont

Mein Kühlschrank enthält zumindest immer:
Stiegl-Pils, Gasteiner Alm-Käse

Mein größtes kulinarisches Missgeschick:
Verdorbenen Wein („Stoppler"), ohne vorher zu kosten, für eine Weinsoße verwendet

Beschreiben Sie Ihr Wunsch-Geburtstags-Menü:
Sautierte Gänseleber auf Blattsalat, Lammkrone mit Rosmarinerdäpfel und Broccoli, Creme brulée

Wen würden Sie gerne bekochen?
Univ.-Prof. Dr. Schrammel

Was würde ich auf keinen Fall essen:
Trockene Putenbrust ohne Saft

Heißhunger verspüre ich zeitweise auf:
Eine Leberkässemmel mit Gurkerl

Essen bedeutet für mich:
Stillen der Lebensnotwendigkeiten, verbunden mit geistreichen Gesprächen und Getränken.

WIENER SCHINKENFLECKERL

Zutaten für 4 Personen:
9 Eier, 5/8 l Milch, 3/8 l Sauerrahm, 350 g Mehl, ca. 1 kg Geselchtes (Rollschinken oder Teilsames), Salz, Pfeffer, Muskatnuss, Öl, Butter

Möglichst dünne Palatschinken backen (5 Eier mit Milch und einer Prise Salz schaumig rühren, dann das Mehl unterziehen und in heißem Öl herausbacken), Palatschinken kalt stellen. Geselchtes kochen, kalt stellen. Palatschinken in kleine Fleckerln, Geselchtes kleinwürfelig schneiden. In einer großen Schüssel mit 4 Eidottern, dem Sauerrahm sowie den Gewürzen vermischen. Dann den Schnee von 4 Eiklar unterheben. Diese Masse in eine ausgebutterte feuerfeste Form füllen und mit Butterflocken bestreuen. Bei ca. 180°C im vorgeheizten Rohr ca. 40 Minuten backen, bis die Oberfläche goldbraun und knusprig ist. Mit Blattsalat servieren.
Weinempfehlung: *Riesling 2002, Schlossweingut Grafenegg*

Mein persönlicher Koch-Tipp

Eier-Omelette
Für eine Eier-Omelette Zwiebel in würfelig geschnittenem Bauernspeck anrösten, Eier mit etwas Milch, prickelndem Mineralwasser und einem Teelöffel Rosenpaprika verquirlen, darüber leeren und nicht mehr umrühren. Kurz bevor die Masse stockt, Scheiben vom Grießkirchner Butterkäs (o.Ä.) darauf legen und mit einem Deckel zugedeckt 5 Minuten ziehen lassen.

DR. ASTRID DEIXLER-HÜBNER

Univ.-Prof. am Institut für Zivilprozessrecht,
Universität Linz

KULINARISCHE VITA

Mein kulinarisches Vorbild:
Schloss Roith in Gmunden: Hier locken die ausgezeichnete kreative, aber bodenständige Küche (besonders Fischgerichte) und ein herrlicher Ausblick auf den Traunsee.

Meine bevorzugte kulinarische Region:
Thailand, Mittelmeerregion, aber auch bodenständige österreichische Naturküche

Mein Kühlschrank enthält zumindest immer:
Obst, Gemüse, Jogurt, Käse, diverse Aufstriche

Mein größtes kulinarisches Missgeschick:
Ein Soufflé ist trotz penibler Befolgung des Rezepts kurz nach der Entnahme aus dem Backrohr in sich zusammengefallen.

Beschreiben Sie Ihr Wunsch-Geburtstags-Menü:
Marinierte Artischocken, Ricotta-Kresse-Ravioli mit Salbei-Minz-Sauce, Seeteufel mit Oliven und Tomaten, Champagnersorbet mit Papayamus

Wen würden Sie gerne bekochen?
Hillary Clinton

Was würde ich auf keinen Fall essen:
Schnecken, Froschschenkel

Heißhunger verspüre ich zeitweise auf:
Frisches Brot, Erdbeeren

Essen bedeutet für mich:
Qualitativ hochwertige, möglichst naturbelassene und gut zubereitete Speisen in angenehmer Atmosphäre mit allen Sinnen genießen.

FISCHFILETS MIT KOKOSRASPELN

Zutaten für 4 Personen:
1 Schalotte, 2 Knoblauchzehen, 1 Stück Ingwer (1–2 cm), 2 rote Chilischoten, 2 Stangen Zitronengras, 2 EL Sojasauce, 2 EL Reiswein, 2 EL Limettensaft, 1/2 TL gemahlener Koriander, Pfeffer aus der Mühle, 8 dünne Fischfilets (Kabeljau, Scholle, Lachs), 50 g Kokosraspel, 3 EL Öl

Schalotte, Knoblauch, Chilis und Ingwer fein hacken. Sojasauce mit Reiswein, Zitronengras, Limettensaft, Koriander und Pfeffer zur Marinade verrühren. Schalotten, Knoblauch, Chilis und Ingwer untermischen. Die Fischfilets damit mindestens zwei Stunden – oder besser über Nacht – marinieren. Dann die Fischfilets in den Kokosraspeln wälzen und in der Pfanne bei mittlerer Hitze auf jeder Seite zwei Minuten braten.
Dazu schmeckt Wok-Gemüse und Kokosreis.
***Weinempfehlung:** Chardonnay 2002, Weingut Tscheppe, Leutschach*

Mein persönlicher Koch-Tipp

Auberginenaufstrich
Zwei mittelgroße Auberginen im Backrohr bei 200°C ca. eine halbe Stunde backen, bis sich die Haut ablöst. Das Fruchtfleisch herauslösen, pürieren und mit einer fein gehackten Zwiebel, zwei zerdrückten Knoblauchzehen, 2 EL Rahm, 1 EL Olivenöl, Salz und grünem Pfeffer aus der Mühle vermengen.
Schmeckt herrlich zu frischem Weißbrot!

DR. KARL DREXLER

Leitender Staatsanwalt
Abteilungsleiter im Bundesministerium für Justiz

KULINARISCHE VITA

Mein kulinarisches Vorbild:
Restaurant „Rio Argento" in Malborghetto; dort gibt es die besten Forellen im Kanaltal.

Meine bevorzugte kulinarische Region:
Friaul

Mein Kühlschrank enthält zumindest immer:
Es gibt nichts, was sich hält: Ich habe zwei heranwachsende Söhne.

Mein größtes kulinarisches Missgeschick:
Ich kann nicht kochen.

Beschreiben Sie Ihr Wunsch-Geburtstags-Menü:
Milzschnittensuppe, Wildbraten, Eisbombe mit Walderdbeeren (von meiner Frau zubereitet).

Wen würden Sie gerne bekochen?
Ich rate niemandem, sich von mir bekochen zu lassen (siehe oben).

Was würde ich auf keinen Fall essen:
Mohnstrudel (im Gegensatz zu Mohntorte)

Heißhunger verspüre ich zeitweise auf:
Artischocken und jede Art von (italienischer) Salami

Essen bedeutet für mich:
Wir leben nicht, um zu essen; Kultur beginnt aber erst, wenn wir nicht nur essen, um zu leben (frei nach Sokrates).

WILDBRATEN IN WURZELSAUCE
(NACH MEINER URURGROSSMUTTER JOHANNA DREXLER)

Zutaten für 4 Personen:
Ca. 1 kg Rehschnitzelfleisch oder Hirsch (noch besser Gams) im Ganzen, 1 Zwiebel, 2 Knoblauchzehen, 1/2 kg Wurzelwerk (Karotte, Zeller, gelbe Rübe, Petersilwurzel), 4 Wacholderbeeren, Thymian, Salz, Pfefferkörner, 1/4 l sauren Rahm, 2 EL Zucker, Balsamicoessig, 1 EL Preiselbeermarmelade, Rotwein, Scheibe einer Biozitrone, allenfalls Speck

Gewürze mit wenig Wasser und ohne Salz aufkochen, den Sud abkühlen lassen, mit Rotwein mischen und das Fleisch darin über Nacht stehen lassen. Zwiebel klein schneiden und glasig rösten, Knoblauch dazupressen. 2 EL Zucker karamellisieren und mit wenig Wasser aufkochen, Wurzelwerk putzen und klein schneiden. Alles zusammen mit Fleisch und Sud, der Zitronenscheibe und dem Speck in eine Pfanne geben und zugedeckt bei ca. 180°C für 2 Stunden in das Rohr stellen. Fleisch, Zitrone und Speck herausnehmen, den Rest mixen und mit saurem Rahm, Salz, Pfeffer und wenig Balsamico würzen. Fleisch schneiden und mit fertiger Wurzelsauce servieren.
Weinempfehlung: *Blaufränkischer, Weingut Ellinger, Oggau*

Mein persönlicher Koch-Tipp

Käsestangerl
250 g Mehl, 250 g Topfen, 250 g Butter, 1 Dotter, Salz. Aus den Zutaten einen festeren Teig bereiten und 1/2 Stunde rasten lassen, auf ein Rechteck ausrollen, auf 3 Teile zusammenschlagen, neuerlich ausrollen und zusammenschlagen. Neuerlich eine 1/2 Stunde rasten lassen und wieder 2 mal ausrollen und zusammenschlagen. Sodann Backblech mit Backpapier belegen. Teig ca. 2 mm stark ausrollen, auf Backblech legen und in längliche Rechtecke schneiden. Mit Parmesan und Salz bestreuen und im stark vorgeheizten Backrohr, wenn möglich mit Heißluft, goldbraun backen (ca. 10 Minuten).

MMAG. DR. BERNT ELSNER

Rechtsanwalt bei
CMS Strommer Reich-Rohrwig Karasek Hainz
Rechtsanwälte

KULINARISCHE VITA

Mein kulinarisches Vorbild:
Obelix (gar nicht heikel, aber stets bei gutem Appetit)

Meine bevorzugte kulinarische Region:
Toskana

Mein Kühlschrank enthält zumindest immer:
Milch und Butter

Mein größtes kulinarisches Missgeschick:
Wer nichts macht, macht keine Fehler.

Beschreiben Sie Ihr Wunsch-Geburtstags-Menü:
Melone und Schinken, Beefsteak mit gerösteten Erdäpfeln und gemischtem Salat, Sanfter Engel und Sachertorte

Wen würden Sie gerne bekochen?
Meine Kinder (Lagerfeuergrill)

Was würde ich auf keinen Fall essen:
Weinbergschnecken

Heißhunger verspüre ich zeitweise auf:
Meine Ehefrau

Essen bedeutet für mich:
Satt werden

SANFTER ENGEL

Zutaten für 4 Personen:
4 große Kugeln cremiges Vanilleeis, Orangensaft, vorzugsweise frisch gepresst, Rum

Je einen Schuss Rum und eine Kugel Vanilleeis in eine Schale geben und mit Orangensaft auffüllen, sodass die Eiskugel noch herausschaut (das schaff' sogar ich).

Weinempfehlung: *Wachauer Steinfeder*

Mein persönlicher Koch-Tipp

Spargel- und Morchelragout
Beim Lagerfeuergrill die Holzstaberln beidseitig anschnitzen. Wenn die Kinder die Lust verlieren, den Grillstab zu halten, kann er so in die Erde gesteckt werden. Pizzateig um die Staberln gewickelt gibt ein köstliches Stangenbrot und in Kombination mit Würstel ein beliebtes „Lagerfeuer-Hot Dog".

DR. BENITA FERRERO-WALDNER

Bundesministerin für auswärtige Angelegenheiten

KULINARISCHE VITA

Mein kulinarisches Vorbild:
Mein persönliches kulinarisches Vorbild ist Johanna Maier.

Meine bevorzugte kulinarische Region:
Das Mittelmeer/die mediterrane Küche, insbesondere Italien, da ich schon immer ein großer Fan der „leichten Küche“ war.

Mein Kühlschrank enthält zumindest immer:
Tomaten, Mozzarella, Lachs und rohen Schinken (San Daniele oder Jabugo)

Mein größtes kulinarisches Missgeschick:
Rehfilets, welche – unglücklicherweise in zu viel Rotwein ertränkt – vollkommen verunglückten.

Beschreiben Sie Ihr Wunsch-Geburtstags-Menü:
Als Vorspeise Gazpacho Andaluz, gefolgt von Jungfernbraten nach Meraner Art und einem Zitronenmousse als Nachspeise

Wen würden Sie gerne bekochen?
Selbstverständlich würde ich auch meine Freunde des Öfteren mit diesem Menü verwöhnen, allerdings halten sich berufsbedingt die ausgiebigen Aufenthalte zwecks Kochen in meiner Küche leider in Grenzen.

Was würde ich auf keinen Fall essen:
Über Innereien werden Sie in meiner persönlichen Rezeptesammlung mit Sicherheit nie stolpern …

Heißhunger verspüre ich zeitweise auf:
Dafür kann es schon einmal vorkommen, dass sich ein plötzlicher Heißhunger auf Cremeschnitten oder Topfenpalatschinken bemerkbar macht.

Essen bedeutet für mich:
Essen bedeutet für mich in erster Linie, Kultur und Genuss mit Lebensart, Vielfalt, Tradition und Gesundheit zu verbinden.

JUNGFERNBRATEN NACH MERANER ART

Zutaten für 4 Personen:
Schweinslungenbraten, 200 g Champignons, Pfeffer, Salz, Knoblauch, Zitrone, 30 g Butter, 30 g Mehl, 1/16 l Sahne, 2–3 Tomaten, Käse zum Darüberstreuen

Schweinslungenbraten pfeffern, salzen, mit Knoblauch einreiben und gut anbraten; die Champignons blättrig schneiden, mit Zitrone beträufeln, dünsten; Butter und Mehl vermengen und daraus Fettkügelchen formen und diese zu den Champignons geben, mit der Sahne legieren. Den Lungenbraten mit dicken Tomatenscheiben belegen, Champignons darüber geben, mit Käse bestreuen und 20–30 Minuten überbacken.
Weinempfehlung: *Grünen Veltliner/Federspiel (Jamek), Marquis de Riscal (Rioja)*

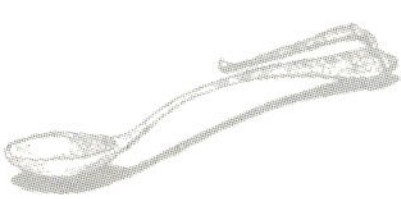

Mein persönlicher Koch-Tipp

Genießen Sie zur Vorspeise den Grünen Veltliner/Federspiel (Jamek), zur Hauptspeise kann ich einen Marquis de Riscal (Rioja) sehr empfehlen.

DR. FRANZ FISCHLER

EU Kommissar für Landwirtschaft, ländliche Entwicklung und Fischerei

KULINARISCHE VITA

Mein kulinarisches Vorbild:
Martin Sieberer, geboren 1968, Auszeichnung zum „Koch des Jahres 2000“ durch Gault Millau. Gourmetrestaurant „Paznaunerstube“ im Hotel „Trofana Royal“ in Ischgl.

Meine bevorzugte kulinarische Region:
Emilia-Romagna

Mein Kühlschrank enthält zumindest immer:
Butter, Wurst (Salami), Eier, Brot, Käse, Grapefruitsaft, Eistee

Mein größtes kulinarisches Missgeschick:
Habe ich verdrängt.

Beschreiben Sie Ihr Wunsch-Geburtstags-Menü:
Gebratene Entenleber mit Apfelspalten, dazu Trockenbeerenauslese von Alois Kracher, Steinbutt mit Trüffeln, dazu Wachauer Riesling, Früchteteller, dazu Burgenländer Rotwein

Wen würden Sie gerne bekochen?
Eva Lind

Was würde ich auf keinen Fall essen:
Exotische Dinge, wie Schlangen, Hunde …

Heißhunger verspüre ich zeitweise auf:
Fleischkäsesemmel

Essen bedeutet für mich:
Nicht nur notwendige Nahrungsaufnahme, um die Lebensfunktionen aufrechtzuerhalten. Essen ist für mich eines der schönsten Dinge im Leben: Genießen, Abschalten von der Arbeit, eine kreative Pause machen.

MERANER SCHNITZEL

Zutaten für 4 Personen:
4 Schweinskotelettes oder Schweinsschnitzel, 100 g Pfifferlinge oder Champignons, 30 g Butter,1 EL Mehl, 2/10 l Fleischsuppe, 100 g gewiegten Schinken, 1/8 l Rahm, Salz, Paprikapulver, 100 g geriebenen Parmesan

Schweinskotelettes oder -schnitzel rasch braten, in eine Auflaufschüssel legen und gut würzen. Eierschwammerl (oder Champignons) in Butter dünsten. Mehl, Fleischsuppe, Schinken, Rahm, Salz und Paprika dazumischen und auf die Kotelettes geben, mit Parmesan bestreuen und im vorgeheizten Rohr überbacken. Mit Bratkartoffeln und Blattsalat servieren.
***Weinempfehlung:** Lagrein Dunkel*

Mein persönlicher Koch-Tipp

Biskuitroulade (Sparprogramm)
3 Eier, 200 g Zucker, 200 g Mehl, 1 Pck. Vanillezucker, 1/2 Pck. Backpulver, einige EL Wasser
Eidotter mit Zucker und Wasser schaumig schlagen, Mehl und Eischnee untermengen, auf Papier backen, mit Marmelade füllen, rollen. Das Ganze ist in 20 Minuten fertig.

DR. MARGARETHE FLORA

Univ.-Ass. am Institut für Strafrecht, Innsbruck

KULINARISCHE VITA

Mein kulinarisches Vorbild:
Catia Pagliai, der Manager des Ristorante Albergo in der „Villa Ambra" in San Albino (bei Montepulciano); „cucina tipica toscana" in schöner Umgebung

Meine bevorzugte kulinarische Region:
Toskana und Emilia-Romagna

Mein Kühlschrank enthält zumindest immer:
Tonic für Gin Tonic

Mein größtes kulinarisches Missgeschick:
Komplett zerfallene Tiroler Speckknödel

Beschreiben Sie Ihr Wunsch-Geburtstags-Menü:
Filet Wellington und als Nachspeise Zimtparfait, beides zubereitet von meiner Mutter.

Wen würden Sie gerne bekochen?
Jamie Oliver

Was würde ich auf keinen Fall essen:
Escargots

Heißhunger verspüre ich zeitweise auf:
Gnocchi mit Salbei

Essen bedeutet für mich:
Nach einer guten Mahlzeit kann man allen verzeihen, selbst seinen eigenen Verwandten. (Oscar Wilde)

LACHSGULASCH

Zutaten für 4 Personen:
300 g fest kochende Kartoffeln, 1 große Fenchelknolle mit Grün, 3 Frühlingszwiebeln, 3 Tomaten, 1 EL Butter, 250 ml Fischfond, 250 ml trockener Weißwein, 300 g Lachsfilet, 150 g geschälte (Tiefkühl-)Eismeergarnelen, 100 g Crème fraîche

Die Kartoffeln schälen und in Würfel schneiden. Von der Fenchelknolle das Grün abschneiden und aufheben, Knolle und Frühlingszwiebeln waschen und in kleine Scheiben schneiden. Tomaten blanchieren und häuten. Die Stielansätze ausschneiden, das Fruchtfleisch würfeln. Kartoffeln, Fenchel und Frühlingszwiebeln in einem Topf in der Butter bei mittlerer Hitze unter Rühren 2 Minuten anbraten, dann mit Fischfond und Wein ablöschen, mit Salz und Pfeffer (Mühle) würzen und zugedeckt bei geringer Hitze 10 Minuten kochen lassen. Inzwischen das Lachsfilet und die Eismeergarnelen waschen. Lachsfilet in große Würfel schneiden. Tomatenwürfel, Lachs und Garnelen unter das Gemüse heben und zugedeckt bei geringer Hitze 5–6 Minuten garen lassen. Das Fenchelgrün hacken und mit der Crème fraîche vorsichtig unter das Gulasch heben, mit Salz und Pfeffer nachwürzen.
Weinempfehlung: *Chardonnay, Weingut Thaller, Steiermark*

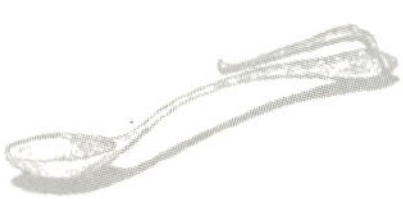

Mein persönlicher Koch-Tipp

Birnen-Brie-Salat
Teller mit grünen und roten Salatblättern garnieren. Birnen schälen, in Scheiben schneiden und Brie würfeln. Birnen und Brie auf die Salatblätter geben, mit Pecan- oder Walnussstückchen bestreuen und mit Vinaigrette servieren.

DR. NIKOLAUS FORGÓ

Univ.-Prof. für Rechtsinformatik/IT-Recht an der Universität Hannover; Leiter des Universitätslehrgangs für Informationsrecht und Rechtsinformation an der Universität Wien

KULINARISCHE VITA

Mein kulinarisches Vorbild:
Meine Mutter, Peter Kubelka, Josef Fadinger

Meine bevorzugte kulinarische Region:
Bordeaux, Kremstal, Wachau, Tokaj für die Weine; Norddeutschland für das Pils; Salamanca für den Pata negra Schinken; ganz Italien für die Pasta

Mein Kühlschrank enthält zumindest immer:
Essiggurkerl, Senf, Tomatenmark, Knoblauch, Parmesan

Mein größtes kulinarisches Missgeschick:
Ein Maisflan nach einem Rezept von Jean-Georges Vongerichten, bei welchem (bei mir) ein gräulichgelber Mehlpapp entstand.

Beschreiben Sie Ihr Wunsch-Geburtstags-Menü:
Pata negra Schinken, Fischsuppe nach dem Rezept von A. Cipriani, geschmortes Rindsschulterscherzel in Barolo nach dem Rezept von R. Gerer, Crema catalana mit frischen Himbeeren, Käse

Wen würden Sie gerne bekochen?
Alle, mit denen man während des Essens über das Essen reden und dabei etwas über das Essen lernen kann.

Was würde ich auf keinen Fall essen:
Hirn mit Ei

Heißhunger verspüre ich zeitweise auf:
Pasta in jeder Form

Essen bedeutet für mich:
Heimat, Lebensfreude und Erinnerung

HARCSAPAPRIKÁS TÚRÓS CSUSZÁVAL
(WELSGULASCH MIT TOPFENHALUSCHKA)

Zutaten für 4 Personen:
Für das Gulasch: 4 Welsfilets, 1 mittelgroße Zwiebel, 1 Lauch, 1 Stück Zitronenschale, etwas Zitronensaft, 1/4 l Fischfonds, 1/4 l trockenen Weißwein, 1 roter, 1 gelber Paprika, 1 geschälte, entkernte Tomate, 1/4 l Schlagobers, 1 Lorbeerblatt, Paprikapulver, Pfeffer, Salz; für die Beilage: 400 g Teigfleckerl (Haluschka), 100–150 g Selchspeck, 200 g grober Topfen, etwas Rahm, fein gehackte Petersilie

Zwiebel fein schneiden, anrösten, vom Herd nehmen, mit Paprikapulver bestreuen, mit Fischfond ablöschen, das klein geschnittene Weiße vom Lauch, die Tomate, Zitronenschale, Weißwein und Lorbeerblatt beigeben, dünsten, bis der Lauch weich ist, Zitronenschale, Pfefferkörner und Lorbeerblatt entnehmen, fein passieren, den Fond reduzieren. Schlagobers beigeben, neuerlich aufkochen lassen. Den in mundgerechte Stücke geschnittenen, gesalzenen, gepfefferten und mit etwas Zitrone beträufelten Wels sowie würfelig geschnittene Paprika beigeben, auf kleiner Flamme ziehen (nicht mehr kochen) lassen, bis der Fisch durch ist (ca. 15 Minuten; Vorsicht beim Umrühren, dass der Fisch nicht zerfällt!), salzen, pfeffern. Inzwischen die Teigfleckerl bissfest in Salzwasser kochen und den möglichst klein geschnittenen Speck auslassen, Fett wegleeren. Fleckerl in eine bebutterte ofenfeste Form geben, mit dem Speck und dem groben Topfen bestreuen, bei 180° C ca. 10 Minuten im Rohr überbacken, nach 7 Minuten mit einem Klecks Rahm belegen. Auf sehr gut vorgewärmten Tellern anrichten, mit etwas Petersilie bestreuen, sofort servieren.
Weinempfehlung: *Ein guter Riesling (z.B. von Hirtzberger oder Nigl).*

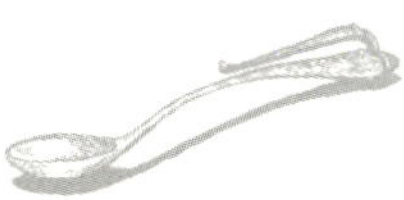

Mein persönlicher Koch-Tipp

Geduld!

DR. IRENE FREUDENSCHUSS-REICHL

Diplomatin, zurzeit bei der UNIDO, New York

KULINARISCHE VITA

Mein kulinarisches Vorbild:
Meine Mutter

Meine bevorzugte kulinarische Region:
Die ganze Welt – je nach dem, wo ich mich gerade aufhalte bzw. wonach mir gerade der Appetit ist.

Mein Kühlschrank enthält zumindest immer:
Milch, Schokolade, Jogurt

Mein größtes kulinarisches Missgeschick:
Als ich als junge Studienassistentin den Instituts-Kaffee zubereitete, aber vergaß, Kaffee in die Espresso-Maschine zu geben und den Professoren gelbes, heißes Wasser kredenzte.

Beschreiben Sie Ihr Wunsch-Geburtstags-Menü:
Gemüsesuppe mit Pilzen, gegrillter Petersfisch mit Petersilien-Erdäpfeln und gemischtem Salat, Geburtstagstorte

Wen würden Sie gerne bekochen?
Meinen Vater, der um seiner Gesundheit willen auf viele kulinarische Genüsse verzichtete und dennoch viel zu früh verstarb.

Was würde ich auf keinen Fall essen:
Haustiere und Sportsgefährten (Pferde!)

Heißhunger verspüre ich zeitweise auf:
Knuspriges Semmerl mit saftigem Beinschinken und knackigem Gurkerl

Essen bedeutet für mich:
Den Augenblick genießen – dankbar sein, dass es uns so gut geht – mit anderen die Mahlzeit teilen und sich auch die Gesellschaft „schmecken“ lassen.

VITELLO TONNATO

Zutaten für 4 Personen:
3/4–1 kg Kalbfleisch (Tafelspitz oder Schulter), Wurzelwerk nach Belieben, 1/2 l Hühnersuppe, 1/2 l trockener Weißwein, Lorbeer, Pfefferkörner, Nelken, Zwiebel, Knoblauch sowie für die Sauce: 2 Eigelb, Olivenöl, Zitrone, Senf, 100 g Thunfisch, Kapern, etwa 15 Sardellenfilets, Petersilie

Alle Zutaten, außer das Kalbfleisch, in einen großen Suppentopf geben und mit ausreichend Wasser füllen (das Fleisch soll zu zwei Dritteln bedeckt sein). Wenn das Wasser kocht, das Kalbfleisch einlegen. Bei reduzierter Hitze zugedeckt 1 1/4 Stunden köcheln, bis das Fleisch zart ist. Eine Stunde im Sud abkühlen, dann herausnehmen und kalt werden lassen. Den Sud auf 1/4 l reduzieren. Für die Sauce Thunfisch, Petersilie, Kapern und Sardellen in einem Mixer pürieren, die Eigelbe und 1 EL Zitronensaft zugeben und glatt mixen, langsam Öl und nach und nach den reduzierten Sud dazugeben, bis die Konsistenz von dünner Mayonnaise erreicht ist. Das kalte Kalbfleisch dünn aufschneiden, die Sauce darüber gießen und noch 2–3 Stunden ziehen lassen. Mit Petersilie, Kapern und Zitronenscheiben garnieren und in guter Gesellschaft genießen!
Weinempfehlung: *Freundlicherweise steht mir mein Bruder bei der Weinauswahl als Berater zur Verfügung.*

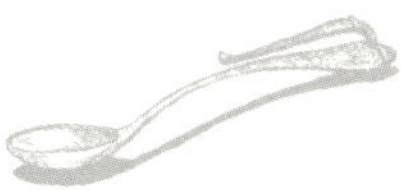

Mein persönlicher Koch-Tipp

Das kochen, was einem selber schmeckt!
Lieber bei der Quantität als der Qualität sparen und Speisen so zubereiten, dass der Eigengeschmack der Zutaten zur Wirkung kommt.

DR. EDWIN GITSCHTHALER

Richter des Oberlandesgerichtes Linz

KULINARISCHE VITA

Mein kulinarisches Vorbild:
Jeder Mensch, der es versteht, mit Herz, Gefühl, Kreativität und Geschick zu kochen und das Gekochte sodann – mit einem guten Glas Wein – zu genießen.

Meine bevorzugte kulinarische Region:
Italien, insbesondere die Toskana und Piemont

Mein Kühlschrank enthält zumindest immer:
Oliven, Kapern, Zwiebel, Knoblauch und – obwohl nicht im Kühlschrank – Olivenöl sind immer vorrätig.

Mein größtes kulinarisches Missgeschick:
Beim Zubereiten eines Wiener Gulaschs habe ich zwei Stunden lang drei getrocknete Chilischoten samt Kernen mitziehen lassen. Das Gulasch war ungenießbar scharf.

Beschreiben Sie Ihr Wunsch-Geburtstags-Menü:
Marinierte Sardinen mit Zwiebelringen, Variationen vom Milchlamm mit Polentatalern, Ziegen-Rotschmier-Käse aus Österreich

Wen würden Sie gerne bekochen?
Den Dirigenten Karl Böhm

Was würde ich auf keinen Fall essen:
Grießkoch in jeder Zubereitungsvariante

Heißhunger verspüre ich zeitweise auf:
Wiener Schnitzel vom Schwein oder Thunfisch aus der Dose mit viel Zwiebel, Knoblauch und Kernöl

Essen bedeutet für mich:
Essen zubereiten – aus dem Vorhandenen das Bestmögliche herausholen; Essen selbst – zusammen mit anderen Menschen, die ich mag, das Leben genießen.

SALTIMBOCCA VOM HUHN MIT GEMISCHTEN BANDNUDELN

Zutaten für 4 Personen:
4 Hühnerschnitzel, 4 Scheiben Prosciutto, 8 mittelgroße frische Salbeiblätter, Butter, zerstoßene Pfefferkörner, Curry, 300 g Tagliatelle (grün und weiß), Salz, 1/8 l Schlagobers, 2 kleine rote Zwiebeln, entkernte grüne Oliven, Kapern aus dem Glas, trockener Weißwein, Sherry amontillado, Olivenöl

Hühnerschnitzel mit Pfeffer und etwas Curry (kein Salz!) auf beiden Seiten würzen, je 2 Salbeiblätter auf die Oberseite der Schnitzel und darüber je 1 Scheibe Prosciutto legen und mit Zahnstocher befestigen. Die Schnitzel mit der belegten Seite zuunterst in einer beschichteten Bratpfanne in Butter anbraten, wenden, die zweite Seite nur kurz anbraten und dann die Schnitzel warm stellen. In der Bratpfanne dem Bratensaft Olivenöl zugeben, die gehackten Zwiebel, Oliven und Kapern darin anbraten, mit Wein und Sherry ablöschen, salzen, die bissfest(!) gekochten Tagliatelle zugeben und durchrühren, bis die Sauce gleichmäßig verteilt ist, zuletzt mit dem Schlagobers verfeinern. Sofort servieren und dabei auf den Hühnerschnitzeln etwas Olivenöl verteilen.
Weinempfehlung: *Grüner Veltliner Gärtling 2002 Weingut Siller, Senftenberg*

Mein persönlicher Koch-Tipp

Lammhaxnscheiben aus dem Rohr
Im Bräter in Olivenöl 1 cm dicke Querscheiben aus der oberen Lammstelze (mit weißem Pfeffer gewürzt), Knoblauchzehen, halbierte Zwiebel und Salbei (nicht zerkleinert), Thymian sowie Rosmarin verteilen; bei 160°C rund 2 Stunden im Rohr garen lassen; mehrmals wenden, allenfalls Wasser aufgießen. Dazu Weißbrot und Elsässer Pinot noir (gekühlt) servieren.

DR. EVA GLAWISCHNIG

Stellvertretende Bundessprecherin der Grünen, Abgeordnete zum Nationalrat

KULINARISCHE VITA

Mein kulinarisches Vorbild:
Eva Rossmann als Krimiautorin für Recherchen zu Manfred Buchinger in die Küche gestellt und wenig später Sous-Chefin.

Meine bevorzugte kulinarische Region:
Vegetarien und Wachau

Mein Kühlschrank enthält zumindest immer:
Eine Flasche österreichischen Weißweins und sonst meistens nichts

Mein größtes kulinarisches Missgeschick:
Harry-Potter-Palatschinken, violett durch die Beigabe von Sherry zwecks geschmacklicher Aufwertung. Nicht zu empfehlen!

Beschreiben Sie Ihr Wunsch-Geburtstags-Menü:
Bründlmayr-Sekt als Aperitif, Bärlauchcremesuppe mit Krebsschwänzen, Spargelrisotto begleitet von einem Neumeister Sauvignon Blanc

Wen würden Sie gerne bekochen?
Ludwig Adamovich

Was würde ich auf keinen Fall essen:
Gänseleber (gestopft) und Big Macs

Heißhunger verspüre ich zeitweise auf:
Sushi und Gemüsemaki, an harten Tagen: Schokolade in besonders cremiger, nougatbeschwerter Ausführung!

Essen bedeutet für mich:
Lust und Askese im Wechselspiel; Essen ist auch Nichtessen und Verzichten, ein Weihnachtsmenü beispielsweise ist ein unendlich viel größerer Genuss, wenn in der Adventzeit vorher Punsch, Keksen und sonstigen Schlemmereien entsagt wurde.

ROSINEN-KORINTHEN-NUSS-PARFAIT

Zutaten für 4 Personen:
Für die Fülle 30 g Rosinen und 30 g Korinthen (über Nacht in 1 dl Rum mariniert), 60 g Walnüsse (in 1 EL Honig karamellisiert, auf leicht geöltem Blech erkaltet und grob geschnitten); für die Parfaitmasse: 2 Eier, 2 Dotter, 100 g Honig, 1 Msp. Naturvanille, etwas geriebene Naturzitronenschale, 1 Spur Meersalz; weiters 1/2 l Schlagobers, Zimt und Karobepulver zum Bestreuen

Guglhupfform in den Tiefkühler stellen. Sämtliche Zutaten für die Parfaitmasse in einem Schneekessel über dem Wasserbad warm, dann kalt schlagen, festgeschlagenes Obers locker unterziehen. Mit gut 1/3 der Masse die Form ausstreichen. Mit Zimt und Karobepulver besieben, mit Rosinen, Korinthen und Walnüssen ausstreuen. Die Hälfte der restlichen Masse darübergeben und seitlich ausstreichen. Wieder wie vorher ausstreuen und mit Parfaitmasse abschließen. Tiefkühlen (ca. 12 Stunden). Vor dem Stürzen die Form kurz in warmes Wasser tauchen, dann auf ein Tortenblatt stürzen, mit Karobepulver besieben und mit einem Messer (vorher in warmes Wasser getaucht) portionieren. Eventuell mit Schlagobers, Preiselbeeren und Minze garnieren.
Weinempfehlung: *Trockenbeerenauslese, z.B. von den Brüdern Velich*

Mein persönlicher Koch-Tipp

Spargelhotdog als Appetizer
Rundes, frisches Gebäck (ich nehme Kornspitz) halbiert und leicht ausgehöhlt. Gefüllt mit weißem und grünem Spargel, mit einem Schuss Zitrone gekocht, mit Biolachs (NUR Biolachs) eingerollt und nach Belieben mit wenig Dille pur oder in Sauce gewürzt. Bitte auf Ketchup und Senf verzichten.

DR. EVA GRASSL-PALTEN

Ao. Univ.-Prof. am Institut für Zivilrecht, Universität Wien

KULINARISCHE VITA

Mein kulinarisches Vorbild:
Jede Hausfrau, die es schafft, Speisen für acht Gäste erstens gleichzeitig und zweitens heiß auf den Tisch zu bringen und dabei entspannt zu wirken.

Meine bevorzugte kulinarische Region:
Friaul: Spargel, Pilze, Wild ... eine hervorragende Mischküche. Und jede Gegend am Meer, wo's fangfrischen Fisch gibt.

Mein Kühlschrank enthält zumindest immer:
Eine Flasche herben, vorzugsweise südsteirischen Weißwein, Milch, Butter, Marmelade

Mein größtes kulinarisches Missgeschick:
Ich stelle eine angeblich hitzefeste Glasschüssel auf die Gasflamme – und pling! Zersprungen! Inhalt gleichmäßig über den Herd verteilt ...

Beschreiben Sie Ihr Wunsch-Geburtstags-Menü:
Spargelschaumsuppe, überbackene Jakobsmuscheln, Pasta mit Trüffeln, Angler mit Mangoldgemüse, Mousse au chocolat mit Früchten. Falls dann überraschenderweise noch Hunger: Käse

Wen würden Sie gerne bekochen?
Gerard Dépardieu

Was würde ich auf keinen Fall essen:
Heuschrecken, Käfer und andere Krabbeltiere der Gattung Insekten; Affenhirn

Heißhunger verspüre ich zeitweise auf:
Salami, Kärntner Würstel, Kartoffelchips, honeyroasted peanuts und Sushi

Essen bedeutet für mich:
Genuss, Lebensfreude, Anregung, Geselligkeit, Entspannung, und mitunter auch feierliches Ritual.

BESCHWIPSTE TOMATENSUPPE

Zutaten für 4 Personen:
2 Pck. passierte Tomaten, Butter, 1 Bund Frühlingszwiebeln, Rosmarin, Muskat, Thymian, 1 Knoblauchzehe, Salz, mindestens 2 EL Zucker (kann je nach Geschmack auch mehr sein), 2 TL eingelegte grüne Pfefferkörner, einige Spritzer Tabasco, 4 cl Gin, 1 cl trockener Sherry, 1 Becher Crème fraîche

Gehackte Frühlingszwiebeln in Butter anlaufen lassen. Passierte Tomaten dazugeben, wenn gewünscht mit Wasser oder Gemüsefond etwas verdünnen. Kurz aufkochen lassen, mit den Gewürzen abschmecken. Vom Herd nehmen, Gin und Sherry hinzufügen, Crème fraîche unterrühren. Der Zucker und der Gegensatz zwischen süß und scharf geben den Pfiff!
Weinempfehlung: *Ein rescher Weißer aus der Südsteiermark*

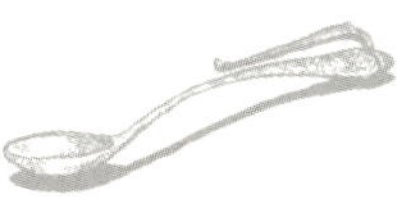

Mein persönlicher Koch-Tipp

Lauchcremesuppe mit Ingwer
Gewaschenen und in Ringe geschnittenen Lauch in Salzwasser bissfest kochen. Abseihen. Im Lauchwasser Erdäpfelwürfel kochen, das Ganze pürieren. Lauch hinein, Obers dazu, mit frischem gehacktem Ingwer abschmecken.

PROF. DR. GERHARD HAGER

Hofrat des Obersten Gerichtshofes a.D.,
Mitglied des Europäischen Parlaments

KULINARISCHE VITA

Mein kulinarisches Vorbild:
Der SODOMA in Tulln. Jeder Besuch ist eine kulinarische Sensation!

Meine bevorzugte kulinarische Region:
Frankreich, Italien, Belgien und überhaupt ...

Mein Kühlschrank enthält zumindest immer:
Siehe dazu die Aufzählung in Hager, „Wie bring ich meinen Mann ins Grab?“ (ÖVG 2000, S. 16). Zusätzlich jedenfalls Kühlelemente für Alfis Flaschenkühler.

Mein größtes kulinarisches Missgeschick:
Der Ankauf von sündteurem, nach Auskunft des Verkäufers lagerfähigem Rotwein aus Anlass der Geburt meines Sohnes, verbunden mit dem Vorsatz, den Wein mit ihm zu seinem 18. Geburtstag zu verkosten. Als der Geburtstag kam, war der Wein nicht mehr da.

Beschreiben Sie Ihr Wunsch-Geburtstags-Menü:
Saiblingtartar, scharf angebratene Beiriedschnitte (saignant) mit Spaghetti, Parmesan und Tomatensalat, dazu Brunello di Montalcino, Himbeerparfait

Wen würden Sie gerne bekochen?
Meine Feinde, so ich welche habe. Nur sie haben es verdient!

Was würde ich auf keinen Fall essen:
Tofu an Ameiseneiern. Nicht einmal mit Brunello di Montalcino.

Heißhunger verspüre ich zeitweise auf:
Eine Burenwurst mit süßem Senf, einem Scherzerl und Ölpfefferoni beim Standl.

Essen bedeutet für mich:
Meine Frau behauptet, es zähle für mich zu den wichtigsten Dingen der Welt, weil ich bisweilen unmittelbar nach dem Mittagessen frage, was wir zu Abend essen werden. Ich sehe darin bloß Weitblick.

BLUNZENLASAGNE

Zutaten für 4 Personen:
4–6 gekochte Kartoffeln, 600 g Blutwurst, 2–3 klein geschnittene Schalotten, etwas frischen Majoran, Salz, 1/4 l Sauerrahm, 1 Dotter, Pfeffer, etwas geriebenen Parmesan

Die gekochten und geschälten und in Scheiben geschnittenen Kartoffeln in Butterschmalz anbraten und salzen. In einer zweiten Pfanne die Schalotten und die geschälte und in Scheiben geschnittene Blutwurst (vulgo: Blunzen) anrösten. Mit Majoran, Salz und Pfeffer würzen. Für die Gratiniermasse den Dotter mit dem – mit Salz und Pfeffer abgeschmeckten – Sauerrahm verrühren. Die Zubereitung erfolgt am besten portionsweise. Dafür wird eine Ringform von etwa 10 cm Durchmesser verwendet. Die unterste Lage bilden die Kartoffelscheiben, darauf wird mit einem Löffel die Blutwurst gedrückt und wieder mit einer Schicht Kartoffelscheiben bedeckt. Zuletzt die Gratiniermasse über der Lasagne verteilen und mit dem Parmesan bestreuen. Bei starker Oberhitze im Rohr backen, mit Krensauce oder Sauerkraut servieren.
Weinempfehlung: *Brunello die Montalcino, da kann nichts schief gehen!*

Mein persönlicher Koch-Tipp

Earl Grey Tea

Wasser vorsichtig ankochen lassen, am besten bis der Teekessel pfeift, sonst bis zum Blubbern. Dann Teabag in vorgewärmte Tasse legen (Aufschrift „Earl Grey“ beachten), langsam mit dem Wasser bei gleichzeitigem Schwenken der Tasse zart aufbrühen. Ziehen lassen, bis die gewünschte Farbe erreicht ist, dann Teesäckchen langsam aus der Tasse nehmen und über einen Teelöffelstiel mit dem Faden auspressen. Vorsichtig trinken, heiß!

DR. FRIEDRICH HARRER

Univ.-Prof. am Institut für Handelsrecht,
Universität Salzburg

KULINARISCHE VITA

Mein kulinarisches Vorbild:
Rudolf Bayr

Meine bevorzugte kulinarische Region:
Mittelmeerraum

Mein Kühlschrank enthält zumindest immer:
Eiswürfel

Mein größtes kulinarisches Missgeschick:
Falls mich jemand – bisher nicht geschehen – zu einem Fast-Food-Essen einladen würde.

Beschreiben Sie Ihr Wunsch-Geburtstags-Menü:
Salat, Gemüsegerichte

Wen würden Sie gerne bekochen?
Meine Kinder

Was würde ich auf keinen Fall essen:
Fleisch

Heißhunger verspüre ich zeitweise auf:
Obst

Essen bedeutet für mich:
Begegnung mit der Natur

SALAT NACH MEDITERRANER ART

Zutaten für 4 Personen:
Salate der Jahreszeit entsprechend, Tomaten, eventuell kleine Steinpilze, Kapern, Sonnenblumenkerne; für die Marinade: 1/8–1/4 l Olivenöl (extra vergine), Meersalz, Pfeffer, 1 EL Zitronensaft, Zitronenschale (von der „nicht behandelten" Zitrone), 1 TL Weißweinessig, 1 EL fein gehackte Minze (Marokkominze, Orangenminze, Ananasminze, Apfelminze – je nach Geschmack)

Die Marinade wird mit einer Gabel (oder besser: einem Rührbesen) gut vermischt und sodann mit dem Esslöffel auf den frisch gewaschenen und (mit Geschirrtuch oder Küchenkrepp) getrockneten Salat verteilt.
Dazu reicht man frisches Brot (hell und dunkel).
***Weinempfehlung:** Riesling aus der Wachau*

Mein persönlicher Koch-Tipp

1. Keine Dosen,
2. Nichts Tiefgefrorenes,
3. Keine Mikrowelle,
4. Produkte ausschließlich nach Region und Jahreszeit.

DR. MEINHILD HAUSREITHER

Abteilungsleiterin im Bundesministerium für Gesundheit und Frauen

KULINARISCHE VITA

Mein kulinarisches Vorbild:
Meine Großmutter, Leopoldine Niederauer. Auf Grund der Qualität der von ihr verwendeten Zutaten und der Prise Liebe beim Kochen schmeckte auch jedes einfache Gericht köstlich.

Meine bevorzugte kulinarische Region:
Keine. Jede Reise bietet neue Einblicke in den Reichtum an Köstlichkeiten dieser Erde.

Mein Kühlschrank enthält zumindest immer:
Butter. Margarine kommt mir nicht ins Haus.

Mein größtes kulinarisches Missgeschick:
In den Studententagen: Eierspeise mit Salami

Beschreiben Sie Ihr Wunsch-Geburtstags-Menü:
Am liebsten lasse ich mich von meinem Mann mit köstlichen indischen Kreationen verwöhnen.

Wen würden Sie gerne bekochen?
Um ehrlich zu sein – am liebsten lasse ich mich bekochen.

Was würde ich auf keinen Fall essen:
Unbeantwortbar. Die menschliche Phantasie ist unendlich groß, so dass nichts, was da kreucht und fleucht auf dieser Erde, vor dem menschlichen Appetit sicher ist.

Heißhunger verspüre ich zeitweise auf:
Schokolade (aber nur ausgewählte Sorten)

Essen bedeutet für mich:
Gemeinschaft, teilen und mitteilen. Mit allen Sinnen gemeinsam genießen und sich des Lebens erfreuen; manchmal auch bloße Nahrungsaufnahme.

HUHN IN KRÄUTERN MIT BASMATI REIS

Zutaten für 4 Personen:
Für das Huhn: 1,2 kg Hühnerteile, 1 1/2 TL Salz, 1 1/2 Limonen, 1 kleine Zwiebel, geschält und gehackt, 1–2 frische, scharfe grüne Chilis, 1/2 Zehe Knoblauch, 1 TL geschälten, fein geriebenen Ingwer, 2 TL gemahlener Kümmel, 2 TL getrockneter Thymian, 2 TL getrockneter Oregano, 1 Becher Jogurt, 4 EL gehackte Petersilie;
Für den Reis: 2 Tassen Basmati Reis, 4 Tassen Wasser, Butter, 1 kleine Zwiebel, 20 g Cashewnüsse, Salz, 2 EL Milch, 1 TL Safran

Das Huhn bis zu zwei Tage vorher marinieren; die Haut entfernen; Keulenteile bis zum Bein bzw. die Bruststücke auf jeder Seite mit zwei parallelen, diagonalen Schnitten einschneiden. Das Fleisch salzen, mit Limonensaft beträufeln, 20 Min zur Seite stellen. Zwiebel, Chilis, Knoblauch, Ingwer, Kümmel, Thymian, Oregano und Jogurt mixen. Die Marinade über das Huhn gießen und in die Einschnitte einreiben. Zugedeckt über Nacht oder länger in den Kühlschrank stellen. Mehrfach wenden. Ofen vorheizen (180–200° C), das Huhn auf das Backblech legen und auf beiden Seiten 10 Min braten. Das Huhn anrichten, mit Petersilie bestreuen. Für den Reis Zwiebel in Butter anrösten, Reis dazugeben, kurz anrösten, Wasser zugießen, Cashewnüsse und Salz zufügen; zugedeckt auf sehr kleiner Flamme 20 Min kochen. Milch erhitzen, Safran dazugeben, 10 Min ziehen lassen, abseihen. In den fertig gegarten Reis die abgeseihte Milch in die Mitte gießen, nach 2 Min umrühren.

Weinempfehlung: *Gehaltvolle Weine, besser passt Bier*

Mein persönlicher Koch-Tipp: Gateau Berbelle nach Heinrich

140 g Butter, 120 g Zucker und 3 Eidotter schaumig rühren, 100 g Schokolade schmelzen, dazurühren, 90 g Mehl und 2 1/2 EL weißen Rum dazugeben, Eiweiß von 3 Eiern steif schlagen und unterheben, die Masse in eine befettete Tortenform füllen. Ca. 15 Min backen, 2 EL gestiftelte Mandeln darauf streuen, weitere 20 Min backen (160° Heißluft), Kuchen in Alufolie einwickeln und mindestens 24 Stunden durchziehen lassen. Dekoration: 200 g Schlagobers

DR. CHRISTINE HIRSCH

Rechtsabteilung Raiffeisen Zentralbank Österreich AG

KULINARISCHE VITA

Mein kulinarisches Vorbild:
„Mein" Koch – Martin Ritzmaier

Meine bevorzugte kulinarische Region:
Überall, wo mit Liebe gekocht wird

Mein Kühlschrank enthält zumindest immer:
Käse, Oliven, Paradeiser, Weißwein

Mein größtes kulinarisches Missgeschick:
Angebrannte Nudeln, weil das gesamte Kochwasser verdampft war.

Beschreiben Sie Ihr Wunsch-Geburtstags-Menü:
Kürbiscremesuppe, Lammkoteletts mit Polentaschnitten und Fisolen, Mohnnudeln

Wen würden Sie gerne bekochen?
Marx Brothers

Was würde ich auf keinen Fall essen:
Insekten

Heißhunger verspüre ich zeitweise auf:
Schinkenfleckerl

Essen bedeutet für mich:
Ein Gefühl zwischen Zufriedenheit und Euphorie

HIRSCH AUF JUS

Zutaten für 4 Personen:
4 Hirschfilets, Öl, 4 Birnen, Weißwein; für den Jus: 4 EL Zucker, Butter, 1/4 naturtrüben Birnensaft, Sherry, frisches Rotkraut, frischgepressten Orangensaft oder Zitronensaft, Honig, Salz, Pfeffer, 20 Stk. Maroni

Für den Jus Zucker mit etwas Butter karamellisieren, Birnensaft dazugießen, mit Sherry und Salz abschmecken, langsam auf kleiner Flamme einkochen lassen. Rotkraut mit Orangensaft und Zitronensaft, Honig, Salz und Pfeffer „al dente" dünsten. Maroni schälen, im Rohr braten und unter das Rotkraut mischen, die Birnen schälen, in Spalten schneiden und in Weißwein leicht dünsten. Anschließend die Filets (je nach Geschmack gebeizt oder nicht) in Öl kurz anbraten und vor dem Servieren einige Minuten zugedeckt rasten lassen, Jus auf die Teller geben, Filets darauf legen und mit Birnen und Rotkraut anrichten.
Weinempfehlung: *Einen der schweren dichten Burgenländer*

Mein persönlicher Koch-Tipp

Sieht lecker aus und schmeckt noch besser:
Statt Marmelade frische Beeren (bevorzugt Brombeeren, Himbeeren oder Heidelbeeren) ins Frühstückskipferl

DR. MICHAEL HOLOUBEK

Univ.-Prof. am Institut für Verfassungs- und Verwaltungsrecht,
Wirtschaftsuniversität Wien

KULINARISCHE VITA

Mein kulinarisches Vorbild:
Meine Frau, für mich die experimentierfreudigste Köchin der Welt

Meine bevorzugte kulinarische Region:
Meine Lieblingsrestaurants

Mein Kühlschrank enthält zumindest immer:
Mehrere Flaschen Weißwein, Campari, Zitronen, Oliven, Parmesan, Butter

Mein größtes kulinarisches Missgeschick:
Bei einer Kinderparty auf das Ketchup vergessen!

Beschreiben Sie Ihr Wunsch-Geburtstags-Menü:
Altwiener Bruckfleisch mit Semmelknödel

Wen würden Sie gerne bekochen?
Meine Freunde

Was würde ich auf keinen Fall essen:
Maischolle im September und Martinigans im April; die versteckten Schokoladevorräte meiner Kinder

Heißhunger verspüre ich zeitweise auf:
„A Haße" beim Würstelstand, einen Fischmac bei Mac Donald's

Essen bedeutet für mich:
Einen wesentlichen Lebensinhalt

ZANDER IM GANZEN

Zutaten für 4 Personen:
1 großer Zander (wenigstens 2 kg – wenn Sie ihn nicht selbst fangen: Fischhandlung Svoboda, Klosterneuburg), Wurzelgemüse (Karotten, Zeller, gelbe Rüben, Petersilwurzel), 2 große Zwiebel, 1 Lauchstange, Lorbeerblätter, Knoblauchzehen, Pfefferkörner, 2–3 kleine Estragonzweige, Ysop-Blätter, mehrere Zitronen (unbehandelt)
Wurzelgemüse, Lauch und Zwiebel in nicht zu feine Streifen bzw. Ringe schneiden, Knoblauchzehen schälen und im Ganzen lassen, Zitronen in Scheiben schneiden, Saft einer Zitrone pressen; Zander salzen und säuern (mit Zitronensaft innen und außen einpinseln), den Boden einer flachen Bratpfanne mit einem Teil des geschnittenen Gemüses bedecken, mit Zitronenscheiben belegen, Fisch mit restlichem Gemüse, ein paar Zitronenscheiben und den Kräutern sehr locker füllen, zwei kleinere runde Kaffeetassen verkehrt in die Pfanne auf das Gemüse stellen, Fisch darauflegen, so platzieren, dass der Fisch fest in der Pfanne „steht“. Knoblauchzehen, Pfefferkörner, restliche Gewürze in der Pfanne verteilen. Der Fisch sollte nach dem Säuern eine Stunde ziehen (man kann auch das ganze Gericht in der Pfanne vorbereiten und dann eine Stunde einfach stehen lassen – ideal wenn Gäste kommen). Backrohr auf ca. 200°C Heißluft vorheizen, ein paar Butterflöckchen auf dem Fisch verteilen, bei leicht fallender Temperatur ca. 45 Minuten garen (wenn die Augen weiß hervorquellen, ist der Fisch fertig). Beilage: Süßkartoffel.
Weinempfehlung: *Morillon Cornelia 1997, Weingut Rupert Ulrich*

Mein persönlicher Koch-Tipp

Heidelbeergermknödel (nach Großmutters Rezept)
Heidelbeeren mit etwas Kristallzucker vermischen, einige Zeit stehen lassen; Germknödel wie üblich vorbereiten, mit Heidelbeeren statt mit Powidel füllen; die fertigen Germknödel mit etwas warmem Heidelbeerkoch übergießen und mit Staubzucker bestreuen.

DR. HERBERT HOPF

Hofrat des Obersten Gerichtshofes

KULINARISCHE VITA

Mein kulinarisches Vorbild:
Meine Großmutter väterlicherseits. Ihre Buchteln waren in der Familie legendär.

Meine bevorzugte kulinarische Region:
Italien

Mein Kühlschrank enthält zumindest immer:
Käse

Mein größtes kulinarisches Missgeschick:
Eine völlig verwürzte Gemüsesuppe. Die anschließenden Rettungsversuche erinnern an das aussichtslose Vorhaben, die vier Beine eines Tisches auf dieselbe Länge zuzuschneiden.

Beschreiben Sie Ihr Wunsch-Geburtstags-Menü:
Da lasse ich mich von den GratulantInnen überraschen.

Wen würden Sie gerne bekochen?
Am liebsten bekoche ich meine Kinder, denn die sagen mir gerade heraus, ob es ihnen schmeckt oder nicht.

Was würde ich auf keinen Fall essen:
Abgesehen von Hunden und Katzen und ähnlichen regionalen „Spezialitäten" gibt es zufolge eines kindlichen Traumas nur eine Antwort: Beuschel.

Heißhunger verspüre ich zeitweise auf:
Schokolade (beruhigt die Nerven)

Essen bedeutet für mich:
In Abhängigkeit vom jeweiligen Befund der Badezimmerwaage besteht ein gewisses Spannungsverhältnis zwischen „Vorfreude" und „Reue".

GEMÜSESUPPE

Zutaten für 4 Personen:
2 l Wasser, 750 g Suppenrindfleisch, Erdäpfel, Karotten, Petersilie, Sellerie, 1 Paradeiser, einige Knoblauchzehen, Champignons, Spargel, Zucchini, Kürbis etc. (je nach Saison). Die jeweilige Gemüsemenge richtet sich nach Lust und Laune sowie dem Fassungsvermögen des Kochtopfes. Zum Würzen: Salz, Pfeffer, Paprika, Kümmel (gemahlen)

Wasser in einem großen Topf zum Kochen bringen. Suppenrindfleisch gleich von Anfang an hineingeben. Danach folgt nach und nach das klein geschnittene Gemüse; tunlichst jenes zuerst, das am längsten zum Weichwerden braucht, also vor allem Erdäpfel und Karotten. Erdäpfel sind jedenfalls eine gute Basis und verhindern, dass ein anderes Gemüse geschmacklich zu dominant wird. Die Kochzeit ist individuell, je nach dem, ob man das Gemüse mehr „al dente" oder als „Babybrei" will. Zum Schluss nach eigenem Gutdünken würzen. Vor dem Servieren noch etwas ziehen lassen.
Weinempfehlung: *F. X. Pichler, Grüner Veltliner Smaragd, 2002 (nicht zur Suppe!)*

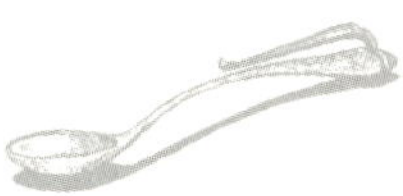

Mein persönlicher Koch-Tipp

Man sollte es so wie mit den Entscheidungssammlungen halten: Rezepte in Kochbüchern mögen ja eine ganz nette Anregung sein, aber man sollte sich dadurch keinesfalls einengen lassen. Einfach ausprobieren und variieren!

DR. ALEXANDER ISOLA

Rechtsanwalt

KULINARISCHE VITA

Mein kulinarisches Vorbild:
Patron Dario, Al Campiello, San Giovanni al Natisone

Meine bevorzugte kulinarische Region:
Friaul

Mein Kühlschrank enthält zumindest immer:
Grappa, Artischocken

Mein größtes kulinarisches Missgeschick:
Präaptamil statt Milumil für meinen zweijährigen Sohn Moritz (er schrie weiterhin vor Hunger, was ich mir nicht erklären konnte).

Beschreiben Sie Ihr Wunsch-Geburtstags-Menü:
Steirisches Backhendl mit einer Schüssel Salat beim „Griesbauer" im Schaftal bei Graz, mit lieben Freunden

Wen würden Sie gerne bekochen?
Maria Lassnig, Malerin

Was würde ich auf keinen Fall essen:
Hirn mit oder ohne Ei

Heißhunger verspüre ich zeitweise auf:
Ein saftiges Steak, medium rare

Essen bedeutet für mich:
Entspannung, Zusammensein mit Freunden

SPAGHETTINI ALEXANDER

Zutaten für 4 Personen:
2 Stangen jungen Lauch, 1 kleine Zwiebel (je nach Stimmung), eine junge, zarte Knoblauchzehe, 1 EL Butter, 250 g Mascarpone, 200 g Flusskrebse (jung, zart), Salz, Pfeffer, die dünnsten Spaghettini, die man erhalten kann.

In einer größeren Pfanne die Butter aufschäumen lassen und die feinnudelig geschnittenen jungen Lauchstangen (und eventuell die Zwiebel) sowie die feingehackte Knoblauchzehe anschwitzen, Mascarpone unterrühren und leicht köcheln lassen. Die in der Zwischenzeit von der Schale befreiten Flusskrebse unterrühren. Spaghettini in reichlich Salzwasser al dente kochen, mit kaltem Wasser kurz abschrecken und unter die Sauce heben. Mit Salz und Pfeffer und einem Hauch Chili abschmecken und sofort servieren. Die Flusskrebse sollen noch leicht glasig sein; eventuell etwas Nudelwasser beifügen. Zubereitungsdauer: 15 Minuten.
***Weinempfehlung:** Morillon vom Weingut Scheucher, Labuttendorf*

Mein persönlicher Koch-Tipp

Immer einen Schuss Scotch in das Mousse au chocolat geben.

DR. ANDREA JELINEK

Referatsleiterin im Bundesministerium für Inneres

KULINARISCHE VITA

Mein kulinarisches Vorbild:
Meine beste Freundin Uschi, die in der Lage ist, aus NICHTS ein viergängiges Menü für sechs Personen auf den Tisch zu stellen.

Meine bevorzugte kulinarische Region:
Italien, Spanien

Mein Kühlschrank enthält zumindest immer:
Eier, Jogurt, Oliven, Sardellen

Mein größtes kulinarisches Missgeschick:
Zerrinnendes Moussaka für sechs Personen

Beschreiben Sie Ihr Wunsch-Geburtstags-Menü:
Forellensülzchen, Hühnersuppe mit Einmachknöderln, Filet Wellington, Obstsalat, Käse

Wen würden Sie gerne bekochen?
Johanna Dohnal und Hillary Rodham Clinton

Was würde ich auf keinen Fall essen:
Lammragout

Heißhunger verspüre ich zeitweise auf:
Gebackenen Emmentaler, Sushi, Salzgurken

Essen bedeutet für mich:
Gemeinsamer Genuss mit mir lieben Menschen, ohne auf die Zeit achten zu müssen.

SONNENTHAL-TORTE

KATHARINA SCHILLERWEIN UM 1900

Zutaten für für die Torte:
210 g Butter, 210 g Mehl, 125 g Mandeln (geschwellt und gerieben), 105 g Staubzucker; für die Fülle: 105 g Staubzucker, 100 g geriebene Walnüsse, 1/2 Pck. Vanillinzucker, 1 harte Semmel (zu Brösel zerrieben) und ca. 1/4 l Milch

Die Zutaten für die Torte zu einer Masse verarbeiten, dann zu einem weichen Teig kneten, etwas rasten lassen, in drei gleich große Teile trennen, jeweils auf Backpapier in eine Tortenform füllen und kurz (ca. 15 Minuten bei 100°C) hell backen. Wichtig: Wenn die einzelnen Teile aus dem Rohr kommen, die jeweiligen Tortenböden von der Tortenformwand lösen, dann die Springform öffnen und das Blatt überkühlen lassen, da die Mandelmasse beim Erkalten fest wird; dann erst aus der Form nehmen. Die Zutaten der Fülle mit 1/4 l Milch aufkochen lassen und nach dem Erkalten lauwarm zwischen die Tortenblätter füllen. Die Torte kühl stellen und erst am 2. Tag nach dem Backen anschneiden und servieren.
Weinempfehlung: *1999, Grand Cuvée Trockenbeerenauslese Nr. 6, Alois Kracher*

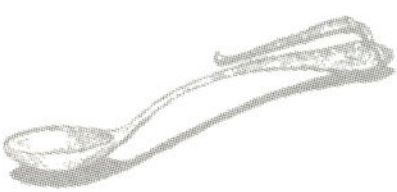

Mein persönlicher Koch-Tipp

Mousse au Chocolat light (für 4 Personen)
250 g Kochschokolade, 120 g Kristallzucker, 1 Becher Crème fraîche, 4 Eiklar, 1 Schuss Cognac. Eiklar mit Zucker zu einer steifen Masse schlagen; Schokolade mit Crème fraîche im Wasserbad unter ständigem Rühren zum Schmelzen bringen, Cognac dazugeben und die flüssige heiße Schokolade löffelweise und langsam unter die Schneemasse heben. Kalt stellen.

DR. THOMAS JUEN

Rechtsanwalt

KULINARISCHE VITA

Mein kulinarisches Vorbild:
Birgit Runggaldier, „Restaurant Schloss Ambras“, in Innsbruck und Kurt Picha, „Bürgerstuben“, in Axams; beide sind seit vielen Jahren Garanten für höchste Gaumenfreuden in einem Ambiente angenehmer Gastfreundschaft.

Meine bevorzugte kulinarische Region:
Bella Italia!

Mein Kühlschrank enthält zumindest immer:
Speck und Salami, Parmesan und Mozzarella, Essiggurken, frische Eier, Kräuterstreichkäse, Jogurt, Crème fraîche, Milch

Mein größtes kulinarisches Missgeschick:
Eine Prise Salz statt einer Prise Zucker!

Beschreiben Sie Ihr Wunsch-Geburtstags-Menü:
Geeiste Wassermelonensuppe mit Basilikum, als Hauptgang gratiniertes Putenfilet mit Gorgonzolarahmsauce, garniert mit gebratenem Schinkenspeck, dazu als Beilage Blattsalat mit Balsamico-Essig und Kürbiskern-Öl, abschließend als Dessert „Moosbeer-Nockn“

Wen würden Sie gerne bekochen?
Meine liebe Gattin (selbst eine begnadete Köchin)!

Was würde ich auf keinen Fall essen:
Austern, Schnecken, Beuschel und Kalbskopf

Heißhunger verspüre ich zeitweise auf:
„Kalte Platte“ mit „Schüttelbrot“, Minestrone mit massenhaft Parmesan, Risotto mit frischem Spargel, Carpaccio etc.

Essen bedeutet für mich:
Das gemeinsame Genießen einer feinen Mahlzeit, wenn möglich im Kreise der Familie und/oder lieber Freunde, irgendwo zwischen einem angeregten Gespräch und dem schlichten „Baumeln-lassen“ der eigenen Seele, lediglich unterbrochen vom verlockenden Duft des aufgetischten Gerichts.

PICCATA MILANESE

Zutaten für 4 Personen:
8 kleinere Kalbsschnitzel, 3 Eier, 3 EL Parmesan, Mehl zum Stauben, Öl zum Backen, Salz, Pfeffer (schwarz), 400 g Spaghetti, 600 g geschälte Tomaten (oder Pelati aus der Dose), 4 cl Tomatensaft, 1 kleine Zwiebel, 1 Knoblauchzehe, 4 EL Olivenöl, 1 EL Basilikum (gehackt); Blattsalat

Tomaten in kleine Würfel schneiden, würzen und mit gehackter Zwiebel in 3 EL Olivenöl andünsten. Tomatensaft mit einer zerdrückten Knoblauchzehe beigeben und etwa 7–8 Minuten dünsten lassen. Spaghetti in Salzwasser al dente kochen, abseihen und mit Tomatenragout vermengen. Basilikum und Pfeffer einrühren, etwas Olivenöl darunterziehen. Eier mit Parmesan verschlagen (nicht mixen). Schnitzel mit Klarsichtfolie bedecken und leicht mit dem Fleischklopfer plattieren. Schnitzel beidseitig salzen und pfeffern, in Mehl und anschließend in der Ei-Parmesan-Mischung wenden. Fett in einer Pfanne erhitzen (ca. 180°C), Schnitzel ohne abzutropfen in das Fett einlegen. Wenn die Schnitzel goldgelb gebräunt sind, wenden, andere Seite bräunen, Schnitzel aus der Pfanne nehmen und mit Küchenpapier abtupfen. Schnitzel auf Spaghetti mit Tomatensauce servieren. Als Beilage passt Blattsalat.
Weinempfehlung: *Tormaresca Chardonnay 2001, Apulien, Antinori*

Mein persönlicher Koch-Tipp

Kalter Früchtecocktail
2 Kiwis, 1 halbe Ananas, 1 Apfel (Indian Red), 1/4 Wassermelone und 1 Banane in etwa gleich große Stücke schneiden. Saft zweier ausgepresster Orangen (samt Fruchtfleisch), 2 EL Orangenmarmelade, 1 EL Kirschwasser und 1 EL Malibu hinzugeben, durchmischen und etwa 1 Stunde im Kühlschrank zugedeckt ziehen lassen – mit je 1 Kugel Vanille- und Schokoladeeis (garniert mit Minzeblättern) servieren.

DR. SUSANNE KALSS

Univ.-Prof. am Institut für Bürgerliches Recht, Handels- und Wertpapierrecht, WU Wien

KULINARISCHE VITA

Mein kulinarisches Vorbild:
Meine Mutter – sie kocht wirklich einmalig gut; sonst Sissy Sonnleithner in Kötschach-Mauthen mit ihrer Dreiländerküche.

Meine bevorzugte kulinarische Region:
Friaul/Veneto mit starkem Einschlag von Fisch

Mein Kühlschrank enthält zumindest immer:
Jogurt und Käse

Mein größtes kulinarisches Missgeschick:
Marillenknödel mit starker Auflösungstendenz ... d. h. in Wasser getränkte Marillen mit Teigpatzen rundherum

Beschreiben Sie Ihr Wunsch-Geburtstags-Menü:
Fangfrische gegrillte Saiblinge aus dem Grundlsee, Petersilkartoffel und einen großen Grünen Salat mit Kernöl; dazu Sauvignon Blanc vom Weingut Sattlerhof, Gamlitz Südsteiermark

Wen würden Sie gerne bekochen?
Am liebsten bekoche ich meinen Mann – er ist kritisch-tolerant; sonst Karl Markus Gauss.

Was würde ich auf keinen Fall essen:
Schildkrötensuppe

Heißhunger verspüre ich zeitweise auf:
Essiggurkerl

Essen bedeutet für mich:
Zeit haben – Neues Probieren

EXOTISCHES HENDERL

Zutaten für 4 Personen:
Ein ganzes frisches Huhn, 2 Bananen, 3 Handvoll Rosinen, Curry, Salz, Pfeffer, Ingwerwurzel, Knoblauch, 3 EL Olivenöl, gemischtes Gemüse (2 Stangensellerie, 1/2 Zwiebel, Bohnen, Karotten, 2 Paradeiser), 1 Tasse Reis

Huhn in vier Teile teilen; kurz in einer Pfanne anbraten und dann für eine halbe Stunde ins Rohr stellen; in der Zwischenzeit in einem höheren Topf Zwiebel und Sellerie kurz anrösten, sonstiges Gemüse zugeben und mit Wasser auffüllen, zusätzlich eine in Scheiben geschnittene Banane, zwei Handvoll Rosinen und die Gewürze zugeben und aufkochen lassen; Hühnerteile aus dem Rohr in den Gemüse-/Obstsud geben und 20 Minuten mitköcheln lassen. Fünf Minuten vor dem Servieren noch die zweite in Scheiben geschnittene Banane und die restlichen Rosinen hineingeben. Den Reis zeitgleich fertig werden lassen.
Weinempfehlung: *Zweigelt Selection 2000 von Franz Tischler Halbturn*

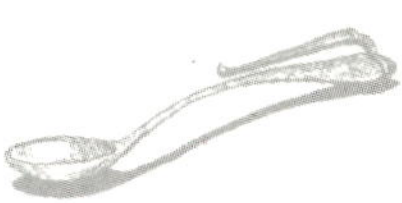

Mein persönlicher Koch-Tipp

Vogerlsalat (leicht mariniert mit Distelöl und Balsamico) und dazu Heurige Erdäpfel mit Rosmarin.

DR. GEORG KARASEK

Rechtsanwalt bei
CMS Strommer Reich-Rohrwig Karasek Hainz
Rechtsanwälte

KULINARISCHE VITA

Mein kulinarisches Vorbild:
Meine Großmutter

Meine bevorzugte kulinarische Region:
Böhmen und Italien

Mein Kühlschrank enthält zumindest immer:
Alles

Mein größtes kulinarisches Missgeschick:
Eine (noch) tiefgefrorene Gans, die zu groß fürs Backrohr war.

Beschreiben Sie Ihr Wunsch-Geburtstags-Menü:
Viel und gut

Wen würden Sie gerne bekochen?
Nicht einmal meinen Todfeind!

Was würde ich auf keinen Fall essen:
Dazu fällt mir nichts ein.

Heißhunger verspüre ich zeitweise auf:
Abwechselnd gefüllte Paprika und Branzino

Essen bedeutet für mich:
Hält Leib und Seele zusammen.

WEICHE EIER

Zutaten für 4 Personen:
4 Eier, 1 Salzstreuer

Wasser aufkochen lassen. Eier 4–5 Minuten einlegen. Danach kalt abschrecken. Mit Salzstreuer in einem Becher servieren.

Weinempfehlung: *Blaufränkisch klassisch ausgebaut aus dem Blaufränkischland im Mittelburgenland*

Mein persönlicher Koch-Tipp

Ist abzuholen:
- *für die böhmische Küche bei meiner Haushälterin, Frau Hilde, und*
- *für die italienische Küche bei Peppino in der Mahlerstraße*

MAG. DR. BEATRIX KARL

Ao. Univ.-Prof. am Institut für Arbeits- und Sozialrecht,
Universität Graz

KULINARISCHE VITA

Mein kulinarisches Vorbild:
Sowohl meine Mutter als auch mein Vater, die mich bei meinen Besuchen stets kulinarisch verwöhnen.

Meine bevorzugte kulinarische Region:
Die Steiermark

Mein Kühlschrank enthält zumindest immer:
Obst, Gemüse, einen Brotaufstrich, Weißwein

Mein größtes kulinarisches Missgeschick:
Bei mir ist so gut wie jeder Kochversuch einem Missgeschick gleichzusetzen.

Beschreiben Sie Ihr Wunsch-Geburtstags-Menü:
Calamari vom Grill mit Blattspinat

Wen würden Sie gerne bekochen?
Eigentlich niemanden – vor allem niemanden, den ich mag.

Was würde ich auf keinen Fall essen:
Blutwurst

Heißhunger verspüre ich zeitweise auf:
Käse

Essen bedeutet für mich:
Genuss – am liebsten in Ruhe, ohne Zeitdruck, mit guten Freunden und einem guten Fläschchen steirischen Wein.

KRAUTSTRUDEL

Zutaten für 4 Personen:
1 mittlerer Krautkopf (ca. 1 kg), 100 g Hamburgerspeck, 1 mittlere Zwiebel, 1 TL Kristallzucker, Salz, Pfeffer, Kümmel, 4 EL Sauerrahm, 2 Stück tiefgekühlter Strudelteig, etwas Fett

Das Kraut fein schneiden, gut einsalzen, pfeffern und etwas stehen lassen. Den Hamburgerspeck klein würfelig schneiden und in Fett anrösten, die fein geschnittene Zwiebel dazugeben, mitrösten und 1 TL Kristallzucker darin schmelzen lassen. Sodann das Kraut dazugeben, öfter umrühren, die Gewürze dazugeben, weich dünsten und anschließend erkalten lassen. Den Strudelteig laut Packungsvorschrift vorbereiten. Das Kraut auf dem Strudelteig verteilen und den Sauerrahm darüber geben, einrollen, mit Öl bestreichen, auf ein befettetes Backblech legen und im vorgeheizten Backrohr bei 200°C ca. 25 Minuten backen.
Weinempfehlung: *Sauvignon Blanc „Moarfeitl“ vom Weingut Neumeister*

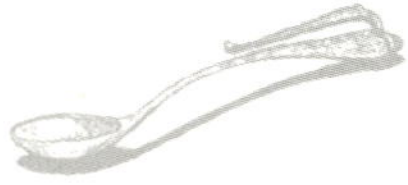

Mein persönlicher Koch-Tipp

Vor dem Krautstrudel eine Kürbiscremesuppe
In etwas Butter eine fein geschnittene Zwiebel anrösten, 500 g fein geschnittenes Kürbisfleisch dazugeben, mit 3/4 l Wasser aufgießen, 1 Suppenwürfel dazugeben, verkochen lassen, salzen und pfeffern. Wenn das Kürbisfleisch weich ist, mit dem Stabmixer zerkleinern, dann 1/4 l Süßrahm dazugeben und nochmals aufkochen.

DR. ANDREAS KHOL

Politiker

KULINARISCHE VITA

Mein kulinarisches Vorbild:
Montignac, der französische Arzt und Buchautor

Meine bevorzugte kulinarische Region:
Mittelmeerraum

Mein Kühlschrank enthält zumindest immer:
Steirischen Sauvignon blanc und niederösterreichischen Riesling, Parmesan und Tiroler Bergkäse, Thunfisch, grüne und schwarze Oliven

Mein größtes kulinarisches Missgeschick:
Ich mache es wie die Sonnenuhr und zähl die guten Stunden nur.

Beschreiben Sie Ihr Wunsch-Geburtstags-Menü:
Kalbskopf sauer mit roten Zwiebeln, Ochsenschlepp-Bouillon mit Ei und Mark, Thunfisch-Steak mit feinem Gemüse und einer scharfen Chili Sauce, eine Salatmischung aus Brüssler Spitzen, Radicchio, Vogerl- und Endivien-Salat (mit Olivenöl, Weinessig und Knoblauch), Käsevariationen (Schaf, Ziege, Bergkäse, Parmesan), Heiße Liebe (heiße Himbeeren auf Vanilleeis)

Wen würden Sie gerne bekochen?
Meine Großfamilie

Was würde ich auf keinen Fall essen:
Jogurt (widersteht mir), tierische Fette, Zucker, Mais, Schokolade (aus Diätgründen, Montignac)

Heißhunger verspüre ich zeitweise auf:
Parmesan, Ungarische Salami, Tiroler Speck, eine scharfe Chili Schote

Essen bedeutet für mich:
Einerseits gesundheits- und körperbewusste Ernährung, andererseits ein Familientreffen mit Frau, Kindern, Enkeln und Freunden und schlussendlich moderate Gaumenfreude

SPEZZATINO A LA ROMANA

Zutaten für 4 Personen:
400 g Kalbsschulter (oder Schwein), 4 rote Zwiebeln, 400 g Fisolen oder Karotten

Zwiebeln in Streifen schneiden, Fleisch in dünne Streifen schneiden (wie Bandnudeln), Zwiebeln in Olivenöl anlaufen lassen, das Fleisch dazugeben, dann die Fisolen (oder Karotten) dazugeben; andünsten; Salz und Pfeffer nach Gefühl. Im eigenen Saft auf kleiner Flamme weich dünsten (aufpassen: wenn der eigene Saft nicht reicht, etwas Bouillon oder klare Brühe dazugießen). Dazu Weißbrot oder Erdäpfel.
Weinempfehlung: *Gelber Muskateller aus der Steiermark*

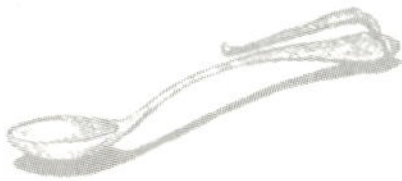

Mein persönlicher Koch-Tipp

Olivenöl ersetzt alles andere Fett!

DR. KURT KIRCHBACHER

Richter am Obersten Gerichtshof

KULINARISCHE VITA

Mein kulinarisches Vorbild:
Die Küche des Hauben-Restaurants im Schlosshotel Dürnstein in der Wachau. Ein Ausflug, der ein besonderes Erlebnis bietet.

Meine bevorzugte kulinarische Region:
Vielseitigkeit und Aufgeschlossenheit lassen immer wieder Neues entdecken.

Mein Kühlschrank enthält zumindest immer:
Fruchtjogurt

Mein größtes kulinarisches Missgeschick:
Sitzen gebliebene und in Form und Härte an Kieselsteine erinnernde Buchteln

Beschreiben Sie Ihr Wunsch-Geburtstags-Menü:
Gebratener Bachsaibling mit Petersilkartoffeln, Schoko-Nuss-Palatschinken

Wen würden Sie gerne bekochen?
Meine Familie

Was würde ich auf keinen Fall essen:
Gänsestopfleber, Hummer

Heißhunger verspüre ich zeitweise auf:
Topfenknödel mit Zwetschkenröster

Essen bedeutet für mich:
Vergnügen, Zusammensein mit Familie und Freunden

ÜBERBACKENE PENNE MIT SCHINKEN UND KRÄUTERN

Zutaten für 4 Personen:
400 g Penne, 1 Zwiebel, 3 Knoblauchzehen, 4 Fleischtomaten, 250 g Pressschinken, 5 EL Olivenöl, 3 EL gehackte Kräuter, für den Überguss 1/4 l Sauerrahm, 1/4 l Schlagobers, 3 Eier, 1 Dotter, 1 Pck. Mozzarella (125 g), 3 Scheiben Pressschinken (dünn geschnitten), 5 Basilikumblätter

Die Penne in Salzwasser bissfest kochen, abschrecken und gut abtropfen lassen. Auflaufform mit Butter bestreichen. Backrohr auf 200°C vorheizen. Tomaten halbieren, Kerne mit einem kleinen Löffel entfernen. Tomaten, Schinken, Zwiebel und Knoblauch klein schneiden. Zwiebel und Knoblauch im Öl anschwitzen, Schinken und Tomaten zugeben, auf kleiner Flamme ca. 5 Minuten schmoren, öfters umrühren. Tomatensauce vom Feuer nehmen, mit Salz und Pfeffer würzen, Kräuter untermischen. Mozzarella in dünne Scheiben schneiden. Sauerrahm mit Obers, Eiern und Dotter mischen, mit Salz und Pfeffer würzen. Penne und Tomatensauce abwechselnd in die Form füllen, den Überguss darüber leeren und mit Schinken- und Mozzarellascheiben und Basilikumblättern belegen. 40 Minuten backen.
***Weinempfehlung:** Grüner Veltliner, Freie Weingärtner Wachau*

Mein persönlicher Koch-Tipp

Ceviche
Schale einer Limette in Streifen schneiden, 100 g Fleischtomaten in kleine Würfel schneiden, eine kleine Zwiebel sehr fein hacken, Fruchtfleisch von zwei Chilischoten fein hacken. Alles mit Saft von drei Limetten, 3 EL Olivenöl und 2 TL Salz vermischen. 500 g weißen, festen Fisch in Würfel schneiden, mit Marinade übergießen, einige Stunden im Kühlschrank ziehen lassen. Mit Petersilie vermischen und mit Weißbrot servieren.

MAG. MARIA KLETEČKA-PULKER

Univ.-Ass. am Institut für Staats- und Verwaltungsrecht, Universität Wien

DR. ANDREAS KLETEČKA

Ao. Univ.-Prof. am Institut für Zivilrecht, Universität Wien

KULINARISCHE VITA

Unser kulinarisches Vorbild:
Gottfried Lettner, der Jamie Oliver von Ybbsitz; bekocht nur gute Freunde, die aber nach Manier eines Haubenkochs.

Unsere bevorzugte kulinarische Region:
Venetien und Mostviertel – der Unterschied ist kleiner, als man denkt (siehe oben).

Unser Kühlschrank enthält zumindest immer:
Gurkerl, Bier, Jogurt, Oliven, Kindermilch (für Linda)

Unser größtes kulinarisches Missgeschick:
Wir haben Christian Nehiba ein Rindsschnitzel als Wiener Schnitzel kredenzt. Wer nicht weiß, was daran falsch ist: Zurück an den Start. Hat aber hohen Unterhaltungswert.

Beschreiben Sie Ihr Wunsch-Geburtstags-Menü:
Sich im Busa alla Torre auf Murano von Andrea dall Angelo einen Gang nach dem anderen servieren lassen. Alternative: Symi-Shrimps bei Meraklis auf Symi (Dodekanes)

Wen würden Sie gerne bekochen?
Keith Jarrett

Was würde ich auf keinen Fall essen:
M. K.-P.: Knoblauchbutter / A. K.: Froschschenkel

Heißhunger verspüre ich zeitweise auf:
M. K.-P.: Nutella / A. K.: Mjölkbröd mit Butter und Bier

Essen bedeutet für uns:
Im Kreis guter Freunde: Eine der schönsten Sachen der Welt.

STOSUPPE MIT MAISCHWAMMERL

Zutaten für 4 Personen:
1 1/2 l Wasser, 1/8 l Buttermilch, 1/8 l Vollmilch, 1/8 l Schlagobers (= Sahne), 4 EL Mehl, 6 Erdäpfel, 1/4 kg Maischwammerl (= Maipilze = Mairitterlinge), Kümmel, Salz

Der wichtigste Schritt besteht darin, die Maischwammerl zu finden. Diese müssen dann geputzt und in feine Blätter geschnitten werden. Erdäpfel kochen, schälen und in dicke Scheiben schneiden. Das Wasser zum Kochen bringen. Mehl mit Buttermilch und Vollmilch gut verrühren. Das Ganze dann in das kochende Wasser einsprudeln. Das ist der spannendste Moment, weil sich jetzt zeigt, ob sich eine homogene Suppe oder aber eine mit Bröckerl und Flankerl durchsetzte Flüssigkeit gebildet hat. Zur Not ist die Suppe aber auch in diesem Zustand genießbar. Schlagobers einrühren. Maischwammerl dazugeben und nochmals aufkochen lassen. Erdäpfel und Kümmel dazugeben und nach Geschmack salzen.
Weinempfehlung: *Merlot von der Kommende Mailberg*

Unser persönlicher Koch-Tipp

Erwerb eins „Pizzasteins“. Das ist eine Schamotteplatte, die man in das Backrohr legt und mit der sich wunderbare Pizzen produzieren lassen. Wenn man das Backrohr auf 300 Grad vorheizt, ist die Pizza in ca. 7 Minuten fertiggebacken.

DR. ALEXANDRA KNELL

Rechtsanwältin, Partnerin bei Dorda Brugger Jordis

KULINARISCHE VITA

Mein kulinarisches Vorbild:
Asiatische Straßenköche, die in ihren mobilen Garküchen ohne Hilfe von Technik köstliche Speisen zubereiten.

Meine bevorzugte kulinarische Region:
Asien

Mein Kühlschrank enthält zumindest immer:
Käse, Fruchtsaft, Sojasauce

Mein größtes kulinarisches Missgeschick:
Sitzen gebliebener Gugelhupf

Beschreiben Sie Ihr Wunsch-Geburtstags-Menü:
Gegrillte Garnelen mit ofenfrischem Baguette und grünem Salat

Wen würden Sie gerne bekochen?
Gert Voss

Was würde ich auf keinen Fall essen:
Blutwurst in jeder Form

Heißhunger verspüre ich zeitweise auf:
Sushi

Essen bedeutet für mich:
Kulinarische und gesellschaftliche Genüsse mit Freunden teilen.

PHANAENG KAI (HÜHNERCURRY)

Zutaten für 4 Personen:
Für die Gewürzmischung: 5 kleine, getrocknete Chilischoten, 5 Schalotten (oder normale Zwiebel), 5–10 Knoblauchzehen, 1 TL Galgant (oder ein sonstiges Ingwergewürz), 1 TL Zitronengras, 1 TL Koriandergewürz, 5 Pfefferkörner, 1 TL Salz, 1 TL Garnelenpaste; 300 g Hühnerfleisch, 1 Tasse Kokosmilch, 1 EL Fischsauce, Basilikumblätter, 1 EL Zucker, 1 EL Öl

Die Zutaten für die Gewürzmischung zerkleinern und verrühren (pürieren), bis eine Paste entsteht. Hühnerfleisch in schmale Streifen schneiden, kurz von allen Seiten anbraten, bis es sich verfärbt, aus der Pfanne nehmen. Öl in der Pfanne erhitzen und die Gewürzmischung braten, bis sie zu duften beginnt. Wenn man gerne sehr scharf isst, kann man zusätzlich frische Chilischoten abbraten. Etwas Kokosmilch dazugeben und so lange auf kleiner Flamme kochen, bis sich das Öl auf der Oberfläche absetzt. Das Hühnerfleisch dazugeben und mit der Sauce vermischen. Zucker, Fischsauce und die restliche Kokosmilch dazugeben und das Curry auf kleiner Flamme so lange kochen, bis das Fleisch gar und die Sauce dicklich ist. Mit Basilikumblättern garnieren und mit Reis servieren.
Weinempfehlung – und mehr: *Zu diesem asiatischen Gericht passt besonders gut frischer Mango- oder Guavensaft. An alkoholischen Getränken empfehle ich asiatisches Singha-Bier oder fruchtigen Weißwein.*

Mein persönlicher Koch-Tipp

Tom Yam Gung (Sauer-scharfe Garnelensuppe)
1 l Gemüsesuppe in einem Topf zum Kochen bringen. 200 g Champignons halbieren, 2 Frühlingszwiebeln in 2 cm lange Stücke schneiden, 16 Garnelen schälen und waschen. Die Suppe mit 3 EL Zitronensaft, 1 EL Chilipaste und 3 EL Fischsauce verrühren. Champignons, Frühlingszwiebel und die Garnelen zur Suppe dazugeben und köcheln lassen, bis alles gar ist (ca. 10 Minuten). Danach mit Limettensaft würzen.

MAG. BENEDIKT KOMMENDA

Die Presse, Chef vom Dienst, Leitung Rechtspanorama

KULINARISCHE VITA

Mein kulinarisches Vorbild:
Meine Mutter, die es geschafft hat, ihre Kinder trotz deren hartnäckigen Widerstands gesund, ausgewogen und dazu noch gut zu ernähren.

Meine bevorzugte kulinarische Region:
Umbrien

Mein Kühlschrank enthält zumindest immer:
Parmesan, Sushi-Ingwer, im Sommer eine Flasche Prosecco

Mein größtes kulinarisches Missgeschick:
Ein rasch abgebratener Schweinslungenbraten, der statt gesalzen gezuckert war – daneben gegriffen.

Beschreiben Sie Ihr Wunsch-Geburtstags-Menü:
Antipasto misto (aus Gemüse), gegrillte Scampi in Knoblauch-Weißwein-Sauce mit Weißbrot

Wen würden Sie gerne bekochen?
Johann Sebastian Bach, und beim Essen hören wir uns ein paar seiner schönsten Kantaten unter Karl Richter an.

Was würde ich auf keinen Fall essen:
Schnecken, Kutteln, Hirn

Heißhunger verspüre ich zeitweise auf:
Pizza

Essen bedeutet für mich:
Am liebsten ein gemeinsames, geruhsames, genussvolles Erlebnis.

MARIANNEN-STRUDEL

Zutaten für 4 Personen:
2 Pck. Blätterteig aus dem Kühlregal, 250 g Schinken, 100 g Salami, 200 g Champignons, 150 g Emmentaler in Scheiben, 6 Paradeiser, Oregano, Pfeffer, Salz
Zubereitungszeit: 90 Minuten

Schinken, Salami und Käse auf ca. 1 cm große Stücke zerkleinern, die Paradeiser würfeln, salzen und zusammen mit den geschnittenen und kurz gedünsteten Champignons durch ein Sieb abtropfen lassen. Alle Zutaten gut durchrühren, mit Oregano und Pfeffer würzen. Den Blätterteig ausrollen und -walken, mit Ei bestreichen, die Fülle auftragen und den Teig einschlagen, von außen mit Ei bestreichen und mit einer Gabel einstechen. Im vorgeheizten Heißluft-Backrohr bei 180°C eine Stunde lang backen. Mit Chicoree-Radicchio-Salat servieren. Sehr gut passt auch eine Sauce aus Jogurt, Rahm und Schnittlauch (mit einem Tropfen Essig, Salz, Pfeffer und – nicht weitersagen – einer Prise „Fondor“ bzw. „Aromat“ verfeinern).
Weinempfehlung: *Ein milder, fruchtiger Rotwein*

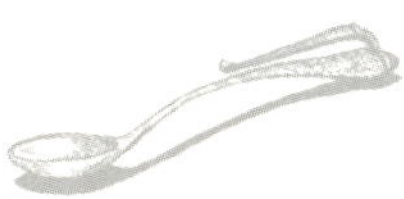

Mein persönlicher Koch-Tipp

Rucola-Spargel-Salat
Grünen Spargel putzen, kurz in Salzwasser kochen und kalt abschrecken. Den Spargel dritteln und mit halbierten Cherry-Tomaten und Rucola-Blättern mischen. Mit Balsamico-Essig, Olivenöl, Salz, etwas Zucker und Wasser anrichten, Parmesan darüber hobeln.

DR. STEPHAN KORINEK

Abteilungsleiter, Finanzmarktaufsichtsbehörde (FMA)

KULINARISCHE VITA

Mein kulinarisches Vorbild:
Meine Kärntner Oma

Meine bevorzugte kulinarische Region:
Venetien

Mein Kühlschrank enthält zumindest immer:
Jogurt, Käse sowie Milch und Hefe (für Reindling)

Mein größtes kulinarisches Missgeschick:
Auf einer Interrail-Reise versuchte ich, Palatschinken zu machen. Leider hatte ich ein mit Backpulver vermischtes Mehl gekauft (was es in Irland alles gibt!), sodass die Palatschinken innen noch teigig waren, während sie sich außen schon bedenklich braun färbten ...

Beschreiben Sie Ihr Wunsch-Geburtstags-Menü:
Prosciutto con Melone, Risotto con Tartufo, Branzino Sale con Spinaci

Wen würden Sie gerne bekochen?
Ehrlich gesagt, ich werde lieber bekocht.

Was würde ich auf keinen Fall essen:
Oliven, Hundefleisch

Heißhunger verspüre ich zeitweise auf:
Den Reindling meiner Frau

Essen bedeutet für mich:
Begegnung mit Menschen und dabei Köstliches verspeisen

KÄRNTNER KIRTAGSSUPPE

Zutaten für 10 Personen:
30 dag Rindfleisch (Schulterscherzel), 30 dag Schweinefleisch (Stelze oder Schulter, nicht zu fett), Wurzelwerk, Zwiebel, Knoblauch, etwas Basilikum, Pfefferkörner, 1/4 l Schlagrahm, 2/3 Becher Sauerrahm, 5 Dotter, Kerbel, Zimt

1 1/2 Liter gesalzenes Wasser zum Kochen bringen. Das Fleisch mit Pfefferkörnern und Basilikum ins kochende Wasser legen und ein bis zwei Stunden langsam wie eine Rindsuppe kochen. Dann Wurzelwerk, Zwiebel und Knoblauch dazugeben und eine weitere gute halbe Stunde köcheln lassen. Nun die Suppe abseihen, mit etwas (zuvor in kaltem Wasser aufgelöstem) Mehl binden, den Schlagrahm und 2/3 Becher Sauerrahm einrühren. Wenn die Suppe nicht mehr kocht, die 5 versprudelten Dotter mit der Suppe vermengen. Das Fleisch klein (fasrig) schneiden und als Einlage verwenden. Mit Kerbel und Zimt servieren!
Weinempfehlung: *Zur Kirtagssuppe passt am besten ein g´schmackiger Weißburgunder oder Riesling Silvana; im Übrigen empfehle ich die Rotweine aus dem Schlossweingut Malteser Ritterorden (Mailberg)*

Mein persönlicher Koch-Tipp

Feines Müsli
5-Korn-Flockenmischung 1–2 Std. vor Zubereitung in lauwarmes Wasser einweichen; dann geraspelte Äpfel, ein wenig Honig, einen Schuss Zitronensaft und etwas Milch dazugeben sowie (je nach Geschmack) Sonnenblumenkerne, Rosinen und Nüsse; alle Zutaten gut vermengen und mit etwas Kaffeeobers abschmecken.

DR. REINHARD KRALER

Rechtsanwalt

KULINARISCHE VITA

Mein kulinarisches Vorbild:
Der Inhalt meiner umfangreichen Kochbuchbibliothek

Meine bevorzugte kulinarische Region:
Jeder Ort, an dem sich eine engagierte Küche findet.

Mein Kühlschrank enthält zumindest immer:
Mozzarella

Mein größtes kulinarisches Missgeschick:
Der erste filetierte Fisch (sah aus wie ein Netzstrumpf)

Beschreiben Sie Ihr Wunsch-Geburtstags-Menü:
Ein ausschließlich vegetarisches Dinner mit neun Gängen (Ristorante alle vecchie carceri, San Daniele, Friaul)

Wen würden Sie gerne bekochen?
Gourmets

Was würde ich auf keinen Fall essen:
Wild, Innereien

Heißhunger verspüre ich zeitweise auf:
Tiroler Knödel, zubereitet von meiner Frau

Essen bedeutet für mich:
Genuss (weil ich mich beim Essen auch in hektischen Zeiten nicht hetzen lasse).

SAIBLINGSFILET

Zutaten für 4 Personen:
2 Saiblinge (oder Bachforellen), Karotten, Sellerie, Peterwurzel, Pfefferkörner, Weißwein (der zum Essen serviert wird), Wermut, Fischfonds, Rahm, eiskalte Butter, Zwiebel, Zitrone, Cayennepfeffer

Kleingeschnittenes Gemüse in einem eher flachen Kochtopf zusammen mit dem Weißwein, einem Schuss Wermut, dem Fischfond und den Pfefferkörnern aufkochen, die Hitze reduzieren und das Gemüse weich kochen, bis nur mehr wenig Flüssigkeit übrig ist. Währenddessen den Fisch filetieren, auf der Hautseite sauber parieren, leicht salzen. Parallel dazu die klein geschnittene Zwiebel mit Weißwein und einem Schuss Wermut aufkochen, Fischfonds zugeben. Alles reduzieren, Rahm zufügen, nochmals reduzieren. Durch ein Sieb passieren, mit Salz, Cayennepfeffer und Zitronensaft würzen und mit eiskalter Butter aufmontieren. Fischfilets mit der Hautseite nach oben auf das Gemüse im Topf legen und sanft durchziehen lassen. Je ein Filet mit etwas Weißweinsauce auf dem Teller anrichten, dazu passen frische Kartoffeln.
Weinempfehlung: *Pinot grigio „Dessimis“, Vie di Romans*

Mein persönlicher Koch-Tipp

Bruschetta auf andere Art
Weißbrotscheiben beidseitig im Backrohr toasten, dünn mit Butter bestreichen, darauf Saiblingskaviar (Fam. Sicher, Tainach) verteilen, salzen, pfeffern, mit Zitronensaft beträufeln.

DDR. PETER LEWISCH

Rechtsanwalt bei Cerha Hempel Spiegelfeld Hlawati,
Univ.-Prof. an der Universität Wien

KULINARISCHE VITA

Mein kulinarisches Vorbild:
Habe keines

Meine bevorzugte kulinarische Region:
Italien, Österreich

Mein Kühlschrank enthält zumindest immer:
Weißwein von Josef Kahrer, Glaubendorf

Mein größtes kulinarisches Missgeschick:
Der Versuch, als hungriger „Interrailer" Spaghetti in der Pfanne zu kochen.

Beschreiben Sie Ihr Wunsch-Geburtstags-Menü:
Viele Meerestiere

Wen würden Sie gerne bekochen?
Placido Domingo

Was würde ich auf keinen Fall essen:
Kosten würde ich alles!

Heißhunger verspüre ich zeitweise auf:
Backhendl, Pizza

Essen bedeutet für mich:
Lebensfreude

FISCHTOPF NACH SCHWIEGERMUTTER ART

Zutaten für 4 Personen:
2 EL Olivenöl, 1 großer Bund Petersilie, 6 Knoblauchzehen, 1 Dose Sardellenfilets, 2 Dosen geschälte Tomaten, Scampi (entweder große nach Stück oder ca. 400 g), 4 Stück Lachsfilet, Weißwein zum Aufgießen

Petersilie hacken, mit Sardellen im Olivenöl anlaufen lassen, mit Wein aufgießen. Knoblauch hacken und hinzufügen. Tomaten zerkleinern und beimengen. Das Ganze eindicken lassen. Erst zum Schluss Scampi und Lachs in der Soße garziehen lassen.

Weinempfehlung: *Italienischer Rotwein*

Mein persönlicher Koch-Tipp

Kaffee wird geschmackvoller, wenn man eine Prise Salz auf das Kaffeepulver streut.

DDR. HEINZ MAYER

Univ.-Prof. am Institut für Staats- und Verwaltungsrecht, Universität Wien

KULINARISCHE VITA

Mein kulinarisches Vorbild:
Keines

Meine bevorzugte kulinarische Region:
Italien

Mein Kühlschrank enthält zumindest immer:
Sekt, Bier, Bier, Bier und Käse

Mein größtes kulinarisches Missgeschick:
Keines

Beschreiben Sie Ihr Wunsch-Geburtstags-Menü:
Da will ich überrascht werden!

Wen würden Sie gerne bekochen?
Meine Frau (wenn sie sich Zeit nimmt zu essen)

Was würde ich auf keinen Fall essen:
Bestimmte asiatische Gerichte (z.B. rohes Affenhirn etc.)

Heißhunger verspüre ich zeitweise auf:
Schweinsstelze und Leberkäse

Essen bedeutet für mich:
Ein sinnliches Vergnügen: Wohlbefinden, Ruhe und Entspannung.

SEEZUNGE IM GANZEN GEBRATEN MIT TAGLIATELLE IN ZITRONEN-OBERS-SAUCE

Zutaten für 4 Personen:
4 kleine Seezungen (küchenfertig – bei Meinl am Graben von Herrn Schuster hergerichtet), 1/8 l Schlagobers, Saft einer reifen Zitrone, Salz, 2 EL Butter, 1/16 l Olivenöl, 300 g Tagliatelle

Seezungen leicht salzen, in Butter-Öl-Gemisch braten und filetieren, in der Pfanne Schlagobers aufkochen, Zitronensaft beimengen und gut verrühren, al dente gekochte Tagliatelle mit dieser Sauce übergießen, auf vorgewärmten Tellern servieren.
Dazu: Vivaldi 4 Jahreszeiten (eventuell von Nigel Kennedy interpretiert) oder Goldberg-Variationen (interpretiert von Glenn Gould). Auf Tischkerzen nicht vergessen!
***Weinempfehlung:** Wenn nicht Bier (ein leichtes Pils), am ehesten einen jungen, fruchtigen Rheinriesling aus der Wachau.*

Mein persönlicher Koch-Tipp

Viel Zeit nehmen, Unbeteiligte aus der Küche weisen, Teller unbedingt vorwärmen, beim Kochen entweder gute Musik, Qualtinger (Herr Karl) oder Oskar Werner (Die Bürgschaft) hören.

DR. FRANZ-STEFAN MEISSEL

Ao. Univ.-Prof. am Institut für Europäische Privatrechtsentwicklung und Römisches Recht, Universität Wien

KULINARISCHE VITA

Mein kulinarisches Vorbild:
Meine Mutter, meine Schwiegermutter sowie einige gute Freunde

Meine bevorzugte kulinarische Region:
Steiermark und Sizilien

Mein Kühlschrank enthält zumindest immer:
Jogurt, Butter, Milch, meist auch Käse und Tomaten

Mein größtes kulinarisches Missgeschick:
Der Versuch, in den USA nach einem österreichischen Rezept mit gesalzener Butter eine Schoko-Biskotten-Torte zu produzieren.

Beschreiben Sie Ihr Wunsch-Geburtstags-Menü:
Lungenstrudelsuppe, Wiener Schnitzel mit Preiselbeeren, Marillenknödel

Wen würden Sie gerne bekochen?
Gäste, die gutes Essen schätzen, deren Horizont aber über gutes Essen hinausreicht.

Was würde ich auf keinen Fall essen:
Warmes Grießkoch

Heißhunger verspüre ich zeitweise auf:
Käsetoast (in depressiven Momenten), Cremeschnitten (in manischen)

Essen bedeutet für mich:
Eine elementare Voraussetzung für Wohlbefinden

SCHWEINSFISCHERL NACH SCHWEIZER ART

Zutaten für 4 Personen:
600 g Schweinslungenbraten, 20 g Salz, 20 g gemahlener schwarzer Pfeffer, 20 g edelsüßes Paprikapulver, 150 g Schinkenspeck (fein geschnitten), 200 ml Schlagobers, 2 EL Ketchup, 1 EL Cognac

Schweinslungenbraten in ca. 3,5 cm lange Stücke schneiden. Salz, Pfeffer und Paprikapulver vermengen, die Fleischstücke auf allen vier Seiten damit panieren und mit Schinkenspeck umwickeln; nebeneinander in eine ausgebutterte Kasserolle schichten (sodass die Oberseite des Fleisches unbedeckt ist). Ca. 20 Minuten bei 220°C zugedeckt ins Backrohr geben. Schlagobers aufschlagen, mit 2 EL Ketchup und 1 EL Cognac vorsichtig abrühren. Beim Servieren die Schweinsfischerl samt Speckmantel mit einem Schlaghäubchen bedecken. Als Beilage empfiehlt sich (unter Beigabe von Safran gedünsteter) Reis und Apfelmus.
Weinempfehlung: *Südsteirischer Sauvignon blanc*

Mein persönlicher Koch-Tipp

Pasta mit Zucchini
Zwiebeln in Olivenöl anrösten, kleingeschnittene Zucchinistücke mitbraten, mit Salz, Muskatnuss und nicht zu wenig Curry würzen und mit Schlagrahm aufkochen lassen. Mit al dente gekochter Pasta (z.B. Gemelli) servieren.

DR. WERNER PLEISCHL

Leiter der Oberstaatsanwaltschaft Wien

KULINARISCHE VITA

Mein kulinarisches Vorbild:
Meine Frau; sie ist Weltmeisterin in der Kombination Geschwindigkeit – Qualität.

Meine bevorzugte kulinarische Region:
Österreich-Ungarn, Vorderer Orient

Mein Kühlschrank enthält zumindest immer:
Käse und Jogurt

Mein größtes kulinarisches Missgeschick:
Jeder Versuch, allein zu kochen, endet kläglich.

Beschreiben Sie Ihr Wunsch-Geburtstags-Menü:
Lungenstrudelsuppe, gebackene Forelle mit Granatäpfeln, Eiskaffee

Wen würden Sie gerne bekochen?
Julius Glaser, denn mit ihm hätte ich gern über die Strafprozessordnung gesprochen.

Was würde ich auf keinen Fall essen:
Szegediner Gulasch

Heißhunger verspüre ich zeitweise auf:
Frankfurter mit Senf und Kren

Essen bedeutet für mich:
Leben; genießen mit Menschen, die ich mag.

INGWERHUHN MIT ZIMTZWETSCHKEN

Zutaten für 4 Personen:
1 Huhn in acht Teilen, 1 Ingwerwurzel geschält und fein geschnitten, 250 g Dörrzwetschken ohne Kerne, 1 Zimtstange, 3 EL Butterschmalz, 250 g ganze blanchierte Mandeln, 2 Gemüsezwiebeln in Ringe geschnitten, 1/2 TL Safran, 2–3 TL Zimtpulver, Salz, frisch gestoßener schwarzer Pfeffer; für die Gemüsebeilage: 4 kleine rote Zwiebeln, 4 rote Paprika, 2 TL Koriander, Salz, frisch gestoßener schwarzer Pfeffer, Öl zum Bepinseln

Für die Gemüsebeilage die Zwiebeln und die entkernten Paprika vierteln, mit Salz, Pfeffer und Koriander bestreuen, mit Öl einpinseln und im vorgeheizten Backrohr bei 200°C 30 Min braten. Die Hühnerteile mit Salz und Pfeffer einreiben und 30 Min ziehen lassen. Dörrzwetschken und Zimtstange in einem Topf mit kaltem Wasser bedecken, erhitzen und 20 Min auf kleiner Flamme kochen. Das Butterschmalz in einem Bräter zerlassen und die Zwiebelringe bei sanfter Hitze glasig dünsten. Mandeln hinzufügen und goldbraun rösten, mit Safran und Zimtpulver würzen. Dann die Fleischteile hinein geben und goldbraun braten. Die Zwetschken mit ihrem Kochwasser und die Ingwerwurzel hinzufügen. Topf zudecken und alles 30 Min im Backrohr dünsten. Als Beilage eignet sich z.B. Couscous.
Weinempfehlung: *Hatschbourg, Gewürztraminer 1999,*
M. Immélé, Voegtlinshoffen, Elsass

Mein persönlicher Koch-Tipp

Mostschober

4 Eidotter mit je 4 EL Wasser und Zucker schaumig rühren, mit 2 TL Zimt und je 1/2 TL Neugewürz und Nelken würzen. 4 Eiklar zu Schnee schlagen und gemeinsam mit 4 EL Semmelbrösel unter die Dottermasse heben. In die befettete Schobermodel (oder eine Guglhupfform) füllen, bei 175°C backen und danach in eine weite Schüssel stürzen. Nebenbei 1/2 l vergorenen Apfelmost, 1/4 l Wasser, 4 EL Zucker, 1 Zimtstange und 4 Nelken kurz aufwallen lassen. Auskühlen, über den Schober gießen und eiskalt servieren.

DR. WALTER PRESSLAUER

Erster Generalanwalt

KULINARISCHE VITA

Mein kulinarisches Vorbild:
Manfred Teufel, St. Georgs Stubn, in St. Georgen/Ybbsfeld (Bezirk Amstetten), weil er mit internationaler Erfahrung und Qualitätsbewusstsein eine Symbiose von Dorfwirtshaus und gehobener Gastronomie zu Stande gebracht hat.

Meine bevorzugte kulinarische Region:
Stammersdorf und weitere Umgebung

Mein Kühlschrank enthält zumindest immer:
Fettarmen Käse und leichten Weißwein

Mein größtes kulinarisches Missgeschick:
Der Versuch, beim Schnitzelklopfen zu helfen, endete mit einem Küchenverweis.

Beschreiben Sie Ihr Wunsch-Geburtstags-Menü:
Rindsuppe, Pariser Schnitzel mit Reisvariationen, Dezendententorte (familieneigene Kreation, die einer Vorliebe der Tochter für feine Schokoladecreme und dem Wunsch des Sohnes nach Speisemarzipan Rechnung trägt)

Wen würden Sie gerne bekochen?
Mit niemandem bin ich derart verfeindet. Meiner Begabung zum Konsum steht eine von meiner Frau grandios ausgeglichene Talentlosigkeit bei der Produktion gegenüber.

Was würde ich auf keinen Fall essen:
Rohe Paradeiser (österreichisch für: Tomaten)

Heißhunger verspüre ich zeitweise auf:
Leberkässemmel

Essen bedeutet für mich:
Im erheblichen Umfang der Eigendisposition zugängliche Verhaltensweise, die von kurzer und einsamer Nahrungsaufnahme zwecks Hungerstillung bis zur kultischen Zeremonie des gemeinsamen Lebensgenusses gestaltbar ist.

REHSCHLEGEL IN WILDSAUCE

Zutaten für 4 Personen:
1 kg ausgelöster parierter Rehschlegel, 300 g fein geschnittenes Wurzelwerk, 80 g fein geschnittene Zwiebel, 50 g in Würfel geschnittener Speck, etwas fein geschnittene Zitronen- und Orangenzesten, 10 Pfefferkörner, 5 Wacholderbeeren, 2 Lorbeerblätter, 2 Körner Neugewürz, frische Kräuter wie Petersilie, Thymian, Salbei, Rosmarin, Kerbel, 3/4 l Rindsuppe, Sauce Bechamel, 2 EL Preiselbeeren, Salz, Pfeffer, Senf, Butterschmalz, Rotwein, Zitronsensaft, Rahm

Rehschlegel mit Salz, Pfeffer und Senf würzen. In passender Bratpfanne Butterschmalz erhitzen, Rehschlegel von allen Seiten kräftig braun anbraten. Aus der Pfanne heben. Im verbliebenen Fett Wurzelwerk gut anrösten, Zwiebel, Speck, Zesten hinzufügen und weiter rösten lassen. Alle Gewürze, Kräuter und Preiselbeeren hinzugeben und mit Suppe ablöschen. Rehschlegel wieder zurück in die Bratpfanne heben und zugedeckt im Backrohr dünsten lassen. Wenn das Fleisch weich ist, aus dem Topf heben. Sauce Béchamel als Bindung in die Sauce einrühren, aufkochen lassen, abseihen. Mit Rotwein, Zitronensaft und Rahm abrunden. Fleisch tranchieren, mit Sauce begießen. Mit Serviettenknödel, Rotkraut und Sauce Cumberland servieren.
***Weinempfehlung:** 2000 Gabarinza, Gernot Heinrich, Gols*

Mein persönlicher Koch-Tipp

Zander auf Wurzeln

Wurzelwerk fein nudelig schneiden und kräftig in Olivenöl rösten. Frische Zanderfilets mit Salz und weißem Pfeffer würzen und beidseitig in erhitztem Butterschmalz knusprig braten. Auf den gerösteten Wurzeln anrichten und mit Braterdäpfeln und Sauce Béarnaise servieren.

DR. HERBERT RAINER

Rechtsanwalt, Mayrhofer & Rainer Rechtsanwälte OEG

KULINARISCHE VITA

Mein kulinarisches Vorbild:
Lisl Wagner-Bacher im „Landhaus Bacher" in Mautern sowie Norbert Payr aus dem Wirtshaus „Zum lustigen Bauern" in Zeiselmauer

Meine bevorzugte kulinarische Region:
Überall wo es leichte, „fischige" Küche gibt.

Mein Kühlschrank enthält zumindest immer:
Eiswürfel

Mein größtes kulinarisches Missgeschick:
Eine „vergessene" und daher entsprechend verbrutzelte Weihnachtsgans

Beschreiben Sie Ihr Wunsch-Geburtstags-Menü:
Wachteln in Rosenblättern

Wen würden Sie gerne bekochen?
Den Papst mit einer Fastensuppe

Was würde ich auf keinen Fall essen:
Hirn mit Ei

Heißhunger verspüre ich zeitweise auf:
Sandwich mit Mailänder Salami, Appenzeller, Gurke und Tomate

Essen bedeutet für mich:
Beim Kochen geschicktere Hände als ein Chirurg und einen geschulteren Farbsinn als ein Maler, beim Essen eine schärfere Nase als ein Spürhund und eine empfindlichere Zunge als eine Schlange zu haben. (Mo Yan)

STEINBUTT AUF SIZILIANISCHE ART

Zutaten für 4 Personen:
4 Filets oder Steaks (je 200 g) vom Steinbutt (auch Glattbutt, Heilbutt oder anderer Fisch, etwa Thunfisch), frische Rosmarinblätter, Olivenöl (nativ, extra), Meersalz, frisch gemahlener schwarzer Pfeffer, eingelegte Kapern, Anchovi-Filets, ein wenig Weißwein, 2 unbehandelte Zitronen

Die Rosmarinblätter zerstoßen und mit 4–6 EL Olivenöl vermischen. Den Fisch mit der Hälfte des Rosmarinöls bestreichen, gut würzen und in eine feuerfeste Form legen. Einige Zitronenscheiben sowie Anchovis auf jedes Stück legen, Kapern darüber streuen. Restliches Öl darüber träufeln. Das Ganze im auf 200°C vorgeheizten Backofen 15 bis 20 Min backen, mit Weißwein nach Belieben begießen. Vor dem Servieren noch ein wenig Zitronensaft darüber pressen und einige Minuten ruhen lassen. Mit frischem Blattsalat servieren.
Weinempfehlung: *Bründlmayer Chardonnay 1990*

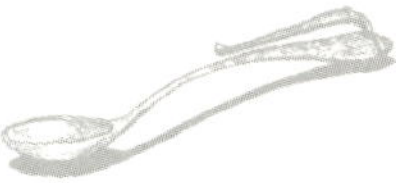

Mein persönlicher Koch-Tipp

Spargel- und Morchelragout
Enden des grünen Spargels abbrechen, auf Biss in Salzwasser kochen. Frische Morcheln in Butter und Walnussöl anschwitzen (getrocknete Morcheln über Nacht einweichen), mit Sherry löschen, dann mit Kalbsfonds und Crème fraîche ca. 10 Min auf kleiner Flamme köcheln. Mit frischen Kräutern, Salz und Pfeffer würzen. Morchelragout über die Spargelstangen geben. Dazu Tomatenstreifen von abgezogenen und entkernten Tomaten.

DR. ANDREA REIBER

Rechtskonsulentin,
Reformverband österreichischer Hausbesitzer

KULINARISCHE VITA

Mein kulinarisches Vorbild:
Ochsen Uhlbach, Stuttgart

Meine bevorzugte kulinarische Region:
Schwabenland

Mein Kühlschrank enthält zumindest immer:
Jogurt, Bier

Mein größtes kulinarisches Missgeschick:
Eine stark versalzene Suppe: Beim Nachsalzen sind der Deckel und der Inhalt des Salzfasses in die Suppe gefallen.

Beschreiben Sie Ihr Wunsch-Geburtstags-Menü:
Putengeschnetzeltes mit selbstgeschabten Spätzle und Ackersalat

Wen würden Sie gerne bekochen?
Franz Welser-Möst

Was würde ich auf keinen Fall essen:
Deutschen „Ka'fffe" mit Kondensmilch

Heißhunger verspüre ich zeitweise auf:
Eine kräftige Rindsuppe

Essen bedeutet für mich:
Ein gemütlicher Abend mit Freunden, mit anregenden Gesprächen, aber ohne Musik „im Hintergrund"

ZWIEBELKUCHEN

Zutaten für 4 Personen:
Für den Teig 500 g Mehl, 30 g Germ, 1 Prise Zucker, 1 Prise Salz, 125 g Schmalz, 3 Eigelb, 1/4 l Wasser; für die Zwiebelauflage: 1 kg Zwiebel, in feine Würfel geschnitten, 200 g magere Speckwürfel, Schmalz zum Anbraten, 5 Eier, 1/4 l Sauerrahm, Salz, Kümmel

Für den Teig das vorgewärmte Mehl in eine Schüssel geben, mit der in etwas lauwarmem Wasser und Zucker aufgelösten Germ zu einem Vorteig rühren und diesen zugedeckt gehen lassen. Das zerlassene Schmalz, das Eigelb, das Salz und das lauwarme Wasser dazugeben und alles zu einem glatten, festen Teig kneten, nochmals aufgehen lassen und fingerdick ausrollen. Auf ein gefettetes Blech legen, die Teigränder etwa 2 cm hoch andrücken und noch einmal gehen lassen. Die Zwiebelwürfel in Schmalz weich dünsten und 3/4 der Speckwürfel dazugeben. Ausgekühlt auf dem Teig verteilen. Eier mit dem Sauerrahm und etwas Salz verrühren und über die Zwiebel gießen. Die restlichen Speckwürfel und etwas Kümmel darüber streuen. Bei ca. 120°C Umluft ca. 50 Minuten backen.
Weinempfehlung: *Güglinger Kaiserberg, Lemberger Spätlese 1999*

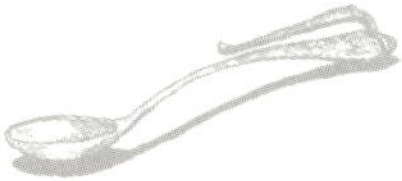

Mein persönlicher Koch-Tipp

Schwäbischer Käskuchen

Aus 150 g Mehl, 80 g Zucker, 80 g Butter und 1 Ei einen Mürbteig kneten, ausrollen und auf eine Tortenform legen, 5 Minuten vorbacken. Als Belag ein Gemisch aus 500 g Topfen, 175 g Zucker, Vanillezucker, 3 Dotter, 1/4 l Sauerrahm, Vanillesaucenpulver und Schnee von 3 Eiklar darüber gießen und im Ofen bei mittlerer Hitze ca. 50 Minuten backen.

DR. SUSANNE REINDL

Ao. Univ.-Prof. am Institut für Strafrecht,
Universität Wien

KULINARISCHE VITA

Mein kulinarisches Vorbild:
Alle diejenigen, die aus dem „Nichts" geniale Gerichte zaubern.

Meine bevorzugte kulinarische Region:
Frankreich und Italien

Mein Kühlschrank enthält zumindest immer:
Jogurt, Bier und im Gefrierfach ein kleines Stück Schweinslungenbraten

Mein größtes kulinarisches Missgeschick:
Beim Servieren eines Filet Wellington riss der Blätterteig.

Beschreiben Sie Ihr Wunsch-Geburtstags-Menü:
Spargelsalat, Rindsuppe mit Eiereintropf, Schweinslungenbraten in Gorgonzola-Senf-Sauce, Nougatknöderl auf Fruchtspiegel

Wen würden Sie gerne bekochen?
Justitia, wenn sie nicht blind wäre und das Gericht daher auch optisch genießen könnte.

Was würde ich auf keinen Fall essen:
Innereien

Heißhunger verspüre ich zeitweise auf:
Oliven

Essen bedeutet für mich:
Einen Alptraum, wenn es sich um Innereien handelt, aber den vollkommenen Genuss und die absolute Entspannung, wenn eine Harmonie zwischen Gerichten, Getränken und gesellschaftlicher Atmosphäre besteht.

SEETEUFEL-PASTETE

Zutaten für 4 Personen:
1/2 kg Seeteufel-Fleisch, 1 Zitrone, 3 Eier, 50 g Crème fraîche, 1/2 bis 1 kleine Dose Tomatenkonzentrat (je nachdem, wie intensiv der Tomatenbeigeschmack sein soll), Butter

Seeteufel in Wasser mit etwas Salz und dem Saft der Zitrone kochen und etwas ziehen lassen (ca. 15–20 Minuten). Anschließend Fleisch in ein Tuch wickeln und ausdrücken. Fleisch in größere Stücke reißen und am Boden einer mit Butter ausgefetteten feuerfesten Form verteilen. Eier mit Crème fraîche und Tomatenkonzentrat versprudeln, salzen und pfeffern. Diese Mischung über die Seeteufelstücke gießen. Bei ca. 150–160°C 35 bis 45 Minuten im Rohr überbacken. Auskühlen lassen und danach im Kühlschrank einige Stunden kalt stellen.
Kleine Portionen auf Blattsalat (eventuell auch mit schwarzen Oliven) mit etwas Mayonnaise und Baguette oder Toast servieren.
Weinempfehlung: *Champagner Gosset Grand Rosé*

Mein persönlicher Koch-Tipp

Heißer Ziegenkäse auf Blattsalat
Crottin im Rohr mit etwas Olivenöl übergrillen, auf Blattsalat anrichten und mit Pinienkernen garnieren.
Salatmarinade: Scharfen Senf mit Olivenöl, Balsamicoessig und Wasser im Verhältnis 1:1:1:2 vermischen.

MMAG. DR. AUGUST REINISCH LL.M.

Ao. Univ.-Prof. für Völker- und Europarecht,
Universität Wien

KULINARISCHE VITA

Mein kulinarisches Vorbild:
Der Padrone des Ristorante Donatello in der Via Righi in Bologna, dessen kulinarisches Geschick zu großer Beliebtheit in Opernkreisen geführt hat.

Meine bevorzugte kulinarische Region:
Die Emilia-Romagna

Mein Kühlschrank enthält zumindest immer:
Schlagobers

Mein größtes kulinarisches Missgeschick:
Eine nicht und nicht zerkochende Reismasse, um die Bomba di Arance aus dem Kochbuch der Lorenza de' Medici zu formen.

Beschreiben Sie Ihr Wunsch-Geburtstags-Menü:
Calamari fritti, Filetto di manzo, Panna cotta

Wen würden Sie gerne bekochen?
George W. mit „emperor's nonsense" (i.e. Kaiserschmarren)

Was würde ich auf keinen Fall essen:
Kutteln, Heuschrecken, Seeigel

Heißhunger verspüre ich zeitweise auf:
Sushi, Tomaten mit Mozzarella

Essen bedeutet für mich:
Genießen

SHRIMPS RISOTTO*

Zutaten für 4 Personen:
3 Zucchini, 2 Tassen Mittelkornreis, 250 g Shrimps, 1/4 l Schlagobers, Salz, Pfeffer, Rosmarin, Oregano

Zwiebel in Olivenöl anschwitzen, Zucchini dazugeben und dünsten, mit kernweich gekochtem Reis vermengen, mit Pfeffer, Salz, Rosmarin und Oregano würzen und mit Schlagobers aufgießen. Abschließend Shrimps beimengen und kurz erhitzen. Vor dem Servieren frisch geriebenen Parmesan drüberstreuen.
Weinempfehlung: *Soave Classico „Capitel Foscarino" von Roberto Anselmi*

* *Vgl. zur Bedeutung dieser und verwandter kulinarischer Ingredienzen die Leitentscheidung der WTO-Streitbeilegungsinstanzen in: United States – Import Prohibitions of Certain Shrimp and Shrimp Products, Panel Report, WT/DS58/R; Appellate Body Report, WT/DS58/AB/R angenommen am 15. Mai 1998.*

Mein persönlicher Koch-Tipp

Spaghetti Carbonara
Beim Zubereiten der Carbonara das Eigelb bereits im Schlagobers zerquirlen und frisch geriebenen Parmesan darunter mengen.

DR. MARTIN E. RISAK

Universitätsassistent am Institut für Arbeits- und Sozialrecht der Universität Wien

KULINARISCHE VITA

Mein kulinarisches Vorbild:
Wenn schon ein Vorbild, dann Jamie Oliver

Meine bevorzugte kulinarische Region:
Asien (insbesondere Japan)

Mein Kühlschrank enthält zumindest immer:
Bier, Kapern, Tomatenmark, Senf, Sojasauce

Mein größtes kulinarisches Missgeschick:
Nicht eines, viele Missgeschicke: zerfallene Semmelknödel, fades Chili, trockener Braten ...

Beschreiben Sie Ihr Wunsch-Geburtstags-Menü:
Foie Gras mit Confit d'Oignons, Pfeffersteak, Eierlikörparfait

Wen würden Sie gerne bekochen?
Meine Frau und meine Freunde

Was würde ich auf keinen Fall essen:
Ich esse alles!

Heißhunger verspüre ich zeitweise auf:
Udon (dicke japanische Nudeln), Big Mac, Paprikachips, Sushi, Käsekrainer, ...

Essen bedeutet für mich:
Kommt auf die Situation an, manchmal nur bloße Ernährung und dann wieder Fest der Sinne!

SATAY (HÜHNERSPIESSE MIT ERDNUSSSAUCE)

Zutaten für 4 Personen:
1/2 kg Hühnerbrust, für die Marinade: 2 EL Sojasauce, 1 Knoblauchzehe, 1 cm Ingwer, 1 EL Limettensaft; für die Erdnusssauce: 1 Zwiebel, 1 Knoblauchzehe, 200 g Erdnussbutter mit Stücken (chunky peanut butter), 400 ml Kokosmilch, 1–2 TL Sambal Oelek (Chilipaste), 1 TL Kreuzkümmel (Cumin), 4 EL Sojasauce

Hühnerbrust in dünne Streifen oder Stückchen schneiden. Sojasauce und Limettensaft mit dem gehackten Knoblauch und Ingwer vermischen und über das Fleisch gießen. Mindestens 2 Stunden im Kühlschrank stehen lassen, besser noch über Nacht. Auf die Spieße stecken. Für die Sauce die gehackte Zwiebel, Knoblauch und Ingwer in etwas Öl anschwitzen. Erdnussbutter dazugeben und cremig rühren. Kokosmilch hinzufügen (nicht mehr kochen lassen!). Sollte die Sauce zu dick sein, Hühnersuppe hinzufügen. Sojasauce und Cumin einrühren, nach Geschmack mehr oder weniger Sambal Oelek. Mit Salz und Pfeffer abschmecken. Mit einem Pürierstab kurz durchmixen, die Sauce soll aber nicht ganz glatt sein. Das Fleisch entweder auf Alufolie im Backofen bei 200°C etwa 15 Minuten garen oder, wenn vorhanden, am Holzkohlengrill grillen. Sauce großzügig darüber gießen und mit Reis servieren.
Weinempfehlung: *Grüner Veltliner aus der Wachau, z.B. von Karl Lechner aus Spitz*

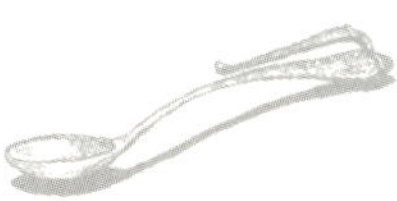

Mein persönlicher Koch-Tipp

Southern Fried Rattlesnake
Ein Klassiker aus den südlichen USA bei den Rattlesnake Roundups (Literaturtipp: Harry Crews, A Feast of Snakes): Eine Klapperschlange enthäuten und in mundgerechte Portionen schneiden. In einer Mischung aus Mehl, Salz, Pfeffer und Knoblauchpulver wälzen und in heißem Öl frittieren.

DR. ANNA RITZBERGER-MOSER

Abteilungsleiterin im Ministerium für Wirtschaft und Arbeit

KULINARISCHE VITA

Mein kulinarisches Vorbild:
Josie Klement im Wirtshaus „Knapp am Eck" in Steyr/Oberösterreich – einfache und klare österreichische Küche

Meine bevorzugte kulinarische Region:
Friaul

Mein Kühlschrank enthält zumindest immer:
Fruchtzwerge (für meine Tochter)

Mein größtes kulinarisches Missgeschick:
Ein Mohnguglhupf mit Rechenfehler. Statt 50 g Mehl 500 (!) g – er geriet sehr „kompakt".

Beschreiben Sie Ihr Wunsch-Geburtstags-Menü:
Pasta mit Meeresfrüchten, Schokolade, Schokolade, Schokolade

Wen würden Sie gerne bekochen?
Lieber lasse ich mich bekochen, aber wenn es sein muss: Bruno Ganz mit meinen Weihnachtskeksen.

Was würde ich auf keinen Fall essen:
Haggis (Gefüllter Schafsmagen)

Heißhunger verspüre ich zeitweise auf:
Kalte Milch und Schnittlauchbrot

Essen bedeutet für mich:
Notwendigkeit und Genuss

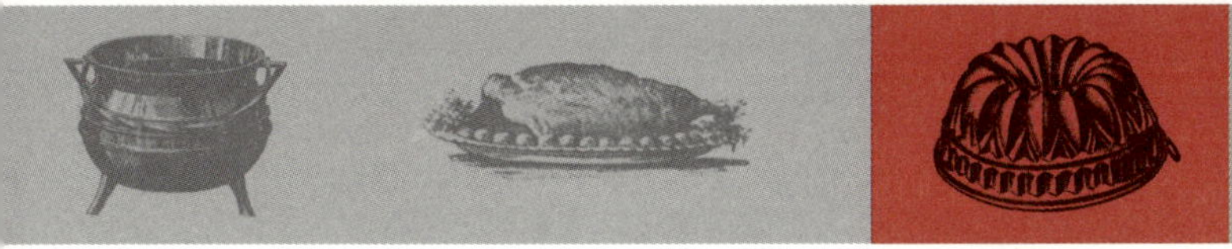

MANDELSCHNITTEN

Zutaten für 4 Personen:
Für den Mürbteig: 220 g glattes Mehl, eine Prise Salz, 150 g Butter, 70 g Staubzucker, etwas Vanillezucker, 1 Dotter; für den Belag: 200 ml Obers, 100 g Honig, 300 g Kristallzucker, 100 g Butter, 300 g Mandelblättchen

Mehl mit Salz mischen, mit Butter verbröseln und mit Staubzucker, Vanillezucker und Dotter rasch zu einem Mürbteig kneten, Teig in Frischhaltefolie wickeln und eine halbe Stunde kühl rasten lassen, danach ca. 2 mm dick ausrollen und auf das mit Backpapier belegte Backblech legen, mit einer Gabel mehrmals einstechen und im vorgeheizten Rohr bei 180°C ca. 10 Minuten backen; Teig aus dem Rohr nehmen und Temperatur auf 160°C reduzieren. Obers mit Honig, Zucker und Butter aufkochen und Mandeln untermischen, Masse dick einkochen und ca. 1 Minute abrösten. Mandelmasse auf dem Teigboden verstreichen und hellbraun backen (ca. 15 Minuten). Kuchen noch lauwarm in Rauten (4 x 2,5 cm) schneiden.
Weinempfehlung: *Kein Wein, sondern Kaffee*

Mein persönlicher Koch-Tipp

Innviertler Erdäpflkas
Gekochte Erdäpfel noch warm zerdrücken (nicht zu fein); gehackte Zwiebel untermengen, mit Sauerrahm und eventuell auch Obers vermischen, sodass eine aufstrichartige Konsistenz erreicht wird; mit Salz und Pfeffer abschmecken; vor dem Servieren – am besten mit Schwarzbrot – etwas anziehen lassen.

DR. CHRISTEL SCHEIBENPFLUG

Notarin

KULINARISCHE VITA

Mein kulinarisches Vorbild:
Meixner's Gastwirtschaft in 1100 Wien, Buchengasse 64. Eine kulinarische Insel in Favoriten, in der es Berta Meixner hervorragend gelingt, insbesondere mit bodenständiger Kärntner und Wiener Küche die Gäste zu verwöhnen.

Meine bevorzugte kulinarische Region:
Restaurants, die für Vegetarier mehr als Salatplatte und Gemüseteller anbieten.

Mein Kühlschrank enthält zumindest immer:
Mineralwasser

Mein größtes kulinarisches Missgeschick:
Das Gericht im minutiös programmierten Backrohr – der Stromausfall war nicht programmiert.

Beschreiben Sie Ihr Wunsch-Geburtstags-Menü:
Vogerlsalat mit Cocktailtomaten und Pecorino, Kärntner Kasnudeln mit brauner Minze und Blattsalat

Wen würden Sie gerne bekochen?
Justizminister Dr. Dieter Böhmdorfer

Was würde ich auf keinen Fall essen:
Froschschenkel

Heißhunger verspüre ich zeitweise auf:
Weckerl mit Senf und Essiggurkerln

Essen bedeutet für mich:
Kommunikation mit lieben Menschen in stressfreier Atmosphäre

ERDÄPFELGRATIN MIT PILZEN

Zutaten für 4 Personen:
750 g festkochende Erdäpfel, 400 g geputzte, blättrig geschnittene Steinpilze, 1 mittlere Zwiebel, 1 Knoblauchzehe, 1/2 l Milch, 5–6 EL Créme fraîche, 100 g frisch geriebener Parmesan, Salz, Pfeffer, Muskatnuss, Petersilie, Butter

Die Erdäpfel waschen, schälen und hauchdünn in der Küchenmaschine schneiden. Milch mit Créme fraîche, Salz, Pfeffer und Muskatnuss und 60 g Parmesan aufkochen. Die Erdäpfelscheiben dazugeben und bei geringer Hitze 20 Minuten unter Umrühren kochen. Die feingehackte Zwiebel mit etwas Butter anlaufen lassen, die geschnittenen Pilze dazugeben, salzen, pfeffern, mit gehackter Petersilie vermengen. Vom Herd nehmen. Die Auflaufform mit der Knoblauchzehe ausreiben, buttern, die Hälfte der Erdäpfelmasse einfüllen, die Pilze darüber verteilen, dann die restlichen Erdäpfel darübergeben. Glattstreichen, mit dem restlichen Parmesan und Butterflocken bestreuen und etwa 50 Minuten im Rohr backen. Gegen Ende der Backzeit die Temperatur reduzieren oder Gratin mit Alufolie abdecken. Mit Salat servieren.
Weinempfehlung: *Grüner Veltliner 2002 (Guglzipf) vom Weingut Turmhof-Hotzy, Hadersdorf am Kamp*

Mein persönlicher Koch-Tipp

Kürbis aus dem Backrohr
Kürbis ohne Schale und Kerne in ca. 2 cm dicke Scheiben schneiden, die Schnittflächen mit Olivenöl einpinseln und mit Salz und schwarzem Pfeffer aus der Pfeffermühle würzen. Auf ein Backblech legen und in dem auf 220°C vorgeheizten Backrohr ca. 45 Minuten garen. Mit Jogurt-Kräutersauce oder Tomatensauce servieren, aber auch als Beilage zu Fleisch und Geflügel geeignet.

DR. BRIGITTE SCHENK

Hofrätin des Obersten Gerichtshofes

KULINARISCHE VITA

Mein kulinarisches Vorbild:
Walter Eselböck, Taubenkofel in Schützen/Gebirge

Meine bevorzugte kulinarische Region:
Toskana

Mein Kühlschrank enthält zumindest immer:
Gemüse und diverse Käsesorten

Mein größtes kulinarisches Missgeschick:
Bei der Herstellung einer Erdbeer-Jogurt-Torte verfestigte sich die Gelatine nicht. Als ich den Tortenring abnahm, floss die Erdbeer-Jogurt-Masse breiartig über die Tortenplatte hinaus und auf das weiße Tischtuch.

Beschreiben Sie Ihr Wunsch-Geburtstags-Menü:
Tomatencremesuppe, Seezunge mit Kerbel-Hollandaise und Petersilienkartoffeln, Topfencreme mit frischen Früchten, Käseplatte

Wen würden Sie gerne bekochen?
Sean Connery

Was würde ich auf keinen Fall essen:
Beuschel oder andere Innereien

Heißhunger verspüre ich zeitweise auf:
Schokolade

Essen bedeutet für mich:
Entspannung, eine gute Gelegenheit, um mit meiner Familie oder Freunden gemütlich zusammenzusitzen und in einer angenehmen Atmosphäre zu plaudern.

LAMMRÜCKEN IN KRÄUTERKRUSTE

Zutaten für 4 Personen:
1–1,5 kg Lammrücken, Salz, Pfeffer, 1 Zwiebel oder 3 Schalotten, 2 Knoblauchzehen, 2 EL Olivenöl, je 1 TL Thymian, Oregano, Basilikum und Ketchup, 1/2 Bund Petersilie, 1 alte Semmel

Vom Lammrücken das Fett entfernen, das Fleisch ringsum salzen und pfeffern. Im auf 200°C vorgeheizten Backofen (Umluft 175°C) ca. 45 Minuten braten. Zwiebel oder Schalotten und Knoblauch fein hacken und 5 Minuten in Öl dünsten, Thymian, Oregano, Basilikum, Ketchup, gehackte Petersilie und fein geriebenes Weißbrot zufügen und 1 Minute weiterdünsten. Kräutermasse auf den Lammrücken streichen und ca. 20 Minuten bei 220°C (Umluft 200°C) überbacken. Den Bratensatz ablöschen, daraus Bratensaft zubereiten und getrennt vom Lammrücken servieren. Dazu passen grüne Bohnen (Fisolen) und Röstkartoffel.
Weinempfehlung: *Redmont 2001 vom Weingut Markowitsch, Carnuntum*

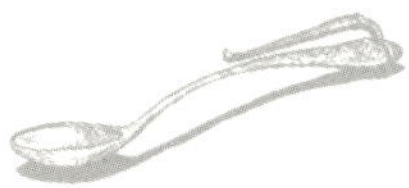

Mein persönlicher Koch-Tipp

Nur frisches Lammfleisch verwenden (kein tiefgefrorenes). Der Braten sollte sehr heiß gegessen werden. Die Beigabe von 1–2 kleinen oder 1 großen Tomate (aufgeschnitten) in die Bratpfanne verfeinert den Bratensaft.

HANNO SORAVIA

Unternehmer

KULINARISCHE VITA

Mein kulinarisches Vorbild:
Meine Mutter

Meine bevorzugte kulinarische Region:
Venetien, Friaul und Kärnten

Mein Kühlschrank enthält zumindest immer:
Bier, Jogurt, Speck

Mein größtes kulinarisches Missgeschick:
Spaghetti Vongole mit Mascarpone

Beschreiben Sie Ihr Wunsch-Geburtstags-Menü:
Kutteln pikant, Conillio auf Jägerart

Wen würden Sie gerne bekochen?
Meine Frau und meine Kinder

Was würde ich auf keinen Fall essen:
Spaghetti mit Gemüse

Heißhunger verspüre ich zeitweise auf:
Eine Stelze vom Schweizerhaus

Essen bedeutet für mich:
Genuss, Leben und Freude

GEBACKENES KANINCHEN

Zutaten für 4 Personen:
4 Kaninchenkeulen, Salz, Pfeffer, 5 Eier, frische Semmelbrösel und Mehl zum Panieren, Vogerlsalat

Kaninchenfleisch vom Knochen lösen, Teile würzen und panieren. In der Fritteuse goldgelb herausbacken und vor dem Servieren vorsichtig abtupfen.

Weinempfehlung: *Chardonnay 2000*

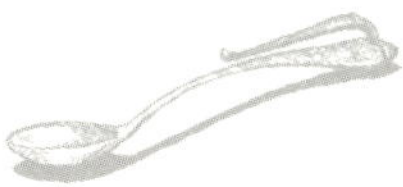

Mein persönlicher Koch-Tipp

Unbedingt Bäckerbrösel verwenden!

MMAG. THOMAS STRANZINGER LL.M.

Manager bei Deloitte & Touche

KULINARISCHE VITA

Mein kulinarisches Vorbild:
Der berühmte schwedische Koch Smore Brod – zahlreiche Auftritte in der Muppets-Show

Meine bevorzugte kulinarische Region:
Toskana, Piemont, Ligurien, Provence – und als Oberösterreicher natürlich auch das Innviertel

Mein Kühlschrank enthält zumindest immer:
Ein Stück Parmesan und eine Flasche Weißwein (Riesling aus der Wachau).

Mein größtes kulinarisches Missgeschick:
Meine erste selbstgebackene Sachertorte (im Alter von 6 Jahren) – bis auf die Glasur war sie eher zu vergessen – und ich bin dann doch nicht Koch geworden.

Beschreiben Sie Ihr Wunsch-Geburtstags-Menü:
Rohschinken mit Rucola und Parmesan oder Miesmuscheln in Weißweinsauce, gegrillter Schwertfisch, dazu Federspiel-Riesling, Mousse au Chocolat

Wen würden Sie gerne bekochen?
Alle, die gewillt sind, das was ich koche, auch zu essen.

Was würde ich auf keinen Fall essen:
Als strikter Fast-Food-Gegner: Alles von Mac Donald's.

Heißhunger verspüre ich zeitweise auf:
Pizza

Essen bedeutet für mich:
Genuss, Entspannung, Wohlbefinden

SCHWEINSBRATEN

Zutaten für 4 Personen:
3/4 kg Schweineschulter, 2 EL Öl, 1 TL Salz, 1/2 TL Pfeffer, 1 TL Paprikapulver, 1/4 l Bratensaft, 3/4 kg Kartoffeln

Fleisch kalt abspülen, trocknen und in einem Schmortopf im heißen Fett von allen Seiten kurz und kräftig anbraten. Mit Salz, Pfeffer und Paprika einwürzen. Bratensaft zugießen und zugedeckt bei mittlerer Hitze ca. 1 Stunde schmoren lassen. Von Zeit zu Zeit den Braten wenden. Bei Bedarf etwas Wasser zugießen. Kartoffeln schälen und der Länge nach vierteln. Zwiebel schälen und in dünne Scheiben schneiden, so dass Ringe entstehen. Die Zwiebelringe in den Bratenfond legen und die Kartoffeln zufügen. Dann Majoran und Kümmel darüber streuen und zugedeckt nochmals ca. 1/2 Stunde weiterschmoren lassen. Den Schweinsbraten aus der Sauce nehmen und etwas ruhen lassen (10–15 Minuten). Liebstöckel zufügen, den Fond aufkochen und abschmecken.
Weinempfehlung: *Zum Schweinsbraten würde ich primär Innviertler Bier (z.B. ein Schnaitl Pils) empfehlen.*
Als Wein (leider kein Geheimtipp): Heinrich, Gols, Gabarinza

Mein persönlicher Koch-Tipp

Zu einem richtigen Innviertler Schweinsbraten gehört natürlich Stöcklkraut und Radi. Und zum Abschluss ein Zwetschkenschnaps. Und für die, die nicht selber kochen wollen, ein Tipp (insbesondere für Gruppen): Gasthaus Stranzinger in Mettmach, OÖ.

DR. ERNST STRASSER

Bundesminister für Inneres

KULINARISCHE VITA

Mein kulinarisches Vorbild:
Meine Mutter

Meine bevorzugte kulinarische Region:
Niederösterreich

Mein Kühlschrank enthält zumindest immer:
Knacker

Mein größtes kulinarisches Missgeschick:
Bei einer Eierspeise habe ich statt Salz Zucker erwischt.

Beschreiben Sie Ihr Wunsch-Geburtstags-Menü:
Leberknödelsuppe, Krautrouladen, Käse, Wein aus der Wachau, Wasser

Wen würden Sie gerne bekochen?
Meine Frau

Was würde ich auf keinen Fall essen:
Sulz

Heißhunger verspüre ich zeitweise auf:
Knacker

Essen bedeutet für mich:
Genuss, mit lieben Freunden einen schönen Abend verbringen.

KRAUTROULADEN

Zutaten für 4 Personen:
200 g Fett, 1 EL kleinwürfelig geschnittene Zwiebel, 1 EL fein geschnittene Petersilie, 400 g faschiertes Schweinefleisch, 1 Ei, Salz, Pfeffer, Majoran, Thymian, 1/2 kg Rot- oder Weißkrautblätter, eventuell Gemüse, Reis

Zwiebel in etwas Fett anrösten, Petersilie dazugeben und eventuell das Gemüse, Fleisch einmengen, kurz durchrösten, auskühlen lassen. Ei und Gewürze vermischen und zugeben.
Krautblätter blanchieren, auf einem Brett zu Rechtecken zusammenlegen. Fülle darauf verteilen, einrollen und mit einem Schweinsnetz befestigen. In Fett anbraten, danach rundherum mit Rindsuppe aufgießen, langsam auf kleiner Flamme fertig garen lassen.
Als Beilagen zu den Krautrouladen passen sowohl Kartoffelpüree als auch Petersilkartoffeln oder Tomatensauce.
***Weinempfehlung:** Riesling aus der Wachau*

Mein persönlicher Koch-Tipp

Gelungenes Kartoffelpüree
Ein dem Kartoffelpüree beigefügtes steif geschlagenes Eiweiß macht das Püree schön locker!

DR. EDUARD STRAUSS

Richter des Oberlandesgerichtes Wien

KULINARISCHE VITA

Mein kulinarisches Vorbild:
Familie Steiner im Restaurant „Alpenhof" am Kreuzberg (Payerbach/NÖ). Das schöne Loos-Haus verbindet Architektur und Esskultur.

Meine bevorzugte kulinarische Region:
Die Küche meiner Frau

Mein Kühlschrank enthält zumindest immer:
Einen guten grünen Veltliner

Mein größtes kulinarisches Missgeschick:
Wenn ich einmal selbst kochen muss!

Beschreiben Sie Ihr Wunsch-Geburtstags-Menü:
Lachscarpaccio, Rindsrouladen mit Nockerln, Mascarpone-Jogurt-Creme mit Früchten

Wen würden Sie gerne bekochen?
Um Himmels Willen: niemanden! Das würde ich meinem ärgsten Feind nicht wünschen!

Was würde ich auf keinen Fall essen:
Fisch mit Gräten

Heißhunger verspüre ich zeitweise auf:
Frisch geriebenen Kren (solo!), Salatmarinaden, Erdnüsse

Essen bedeutet für mich:
Den Ausdruck reiner Lebensfreude, das Zweitschönste auf der Welt, vollendeten Genuss

GEDÜNSTETE RINDSROULADEN

MITGETEILT VON MAG. SUSANNE STRAUSS

Zutaten für 4 Personen:
4 dünne Rindsschnitzel, 150 g Karotten, 100 g Petersilwurzeln, 100 g Knollensellerie oder alternativ 1 Bund „Wurzelwerk“, 8 Scheiben dünn geschnittener Frühstücksspeck, Rindsuppe, Salz, Pfeffer, Senf, Tomatenmark, Öl; Mehl, Panna; Zubereitungszeit: ca. 1 Stunde

Wurzelgemüse schälen und in 1/2 cm dicke Stifte schneiden. Fleisch zwischen Frischhaltefolie legen und behutsam klopfen. Schnitzel mit Salz und Pfeffer würzen, auf der Innenseite dünn mit etwas Senf und Tomatenmark bestreichen und mit je 2 Speckscheiben belegen. Gemüsestifte auf das untere Drittel der Schnitzel legen. Fleisch einrollen und die Rouladen mit Holzstäbchen oder Metallnadeln fixieren. Rouladen in Mehl wenden und in wenig Öl rundum anbraten, in einen Druckkochtopf geben, Bratrückstand mit Rindsuppe aufgießen, aufkochen und zu den Rouladen geben. Im Druckkochtopf ca. 15 Minuten dünsten lassen. Rouladen herausnehmen und auf eine vorgewärmte Platte legen. Spieße entfernen und Rouladen in dicke Scheiben schneiden. Saft im Kochtopf mit 1 EL Panna nochmals kurz aufkochen und durch ein Sieb in eine Saucière gießen. Rouladen mit Nockerln servieren.

***Weinempfehlung:** Ich trinke selten Rotwein, daher:*
Johann Strauss; Grüner Veltliner alte Rebe, Kremser Sandgrube

Mein persönlicher Koch-Tipp

Reisfleisch (mitgeteilt von Mag. Susanne Strauss)

In Olivenöl 1/2 würfelig geschnittene Zwiebel, 1 roten würfelig geschnittenen Paprika anschwitzen und ca. 500 g würfelig geschnittene Schweinsschulter anbraten, salzen, pfeffern, 1 zerdrückte Knoblauchzehe dazugeben, mit 1 EL Paprikapulver (edelsüß) durchrühren. Mit einem Schuss Essig, etwas Wasser (Suppe) im Druckkochtopf ca. 12 Minuten weichdünsten. Mit gedünstetem Reis durchmischen, ausdünsten lassen und mit Parmesan und Salat servieren.

DR. FRANZ TERP

Rechtsanwalt bei Zingher – Terp – Zingher

KULINARISCHE VITA

Mein kulinarisches Vorbild:
Sepp Schellhorn vom Restaurant „Hecht", Seehof, Goldegg/Salzburg. Kocht einen insbesondere in den „Fisch-Himmel". Sehr zu empfehlen für kulinarische Familienausflüge.

Meine bevorzugte kulinarische Region:
Derzeit Friaul und Veneto

Mein Kühlschrank enthält zumindest immer:
Magerjogurt, Weißwein

Mein größtes kulinarisches Missgeschick:
Mousse au chocolat nach Bocuse wurde eine flüssige Gummibärmasse

Beschreiben Sie Ihr Wunsch-Geburtstags-Menü:
Spargel-Vinaigrette (aus dem Marchfeld)

Wen würden Sie gerne bekochen?
Meine Töchter

Was würde ich auf keinen Fall essen:
Wild

Heißhunger verspüre ich zeitweise auf:
Nudeln aller Art, Topfengolatsche von Aida

Essen bedeutet für mich:
Die Seele baumeln lassen.

HESSISCHE SCHLACHTPLATTE

Zutaten für 4 Personen:
2 Kalbsnieren ohne Fettrand im Ganzen, 4 Schalotten, 5 Cornichons, 50 g Butter, 2 EL Dijonsenf, 80 cl Weinbrand, 4 EL Balsamico, 2 EL Petersilie gehackt, 200 g Steinpilze

Kalbsnieren in ganz feine Scheiben schneiden. Mit Salz und Pfeffer aus der Mühle würzen. In einer Sauteuse die Hälfte der Butter mit den gehackten Schalotten, Cornichons und Dijonsenf langsam ca. 7 Minuten anschwitzen. Mit Weinbrand ablöschen und mit Balsamico aufgießen und mit der restlichen kalten (!) Butter einrühren. Sauteuse beiseite geben. Die Sauce soll nicht mehr aufkochen. In eine heiße Pfanne Olivenöl gießen und die Nierenscheiben zusammen mit den geschnittenen Steinpilzen ganz scharf, aber kurz anbraten. Dieser Vorgang dauert ca. 2 Minuten. Die Nierenscheiben sofort in die Sauteuse geben, mit der Sauce und der Petersilie vermengen und sofort servieren.
Ich liebe dazu Erdäpfelpüree.
Weinempfehlung: *Grüner Veltliner von den Rieden, Hermann und Maria Hofer, Auersthal*

Mein persönlicher Koch-Tipp

Paradeiserrisotto
1 kg Paradeiser mit einem Lorbeerblatt in 1/4 l Wasser ca. 30 bis 40 Minuten aufkochen, salzen und pfeffern, durchpassieren. 3 Stk. fein geschnittene Schalotten in Olivenöl anschwitzen, 8 EL Risottoreis untermischen, mit 1/16 l trockenem Weißwein löschen und den Tomatensaft sukzessive unter ständigem Rühren beifügen bis der Reis bissfest ist (ca. 18 Minuten), mit Parmesan, Salz und Pfeffer abschmecken.

DDR. CHRISTOPH THUN-HOHENSTEIN

Direktor des Österreichischen Kulturforums New York

KULINARISCHE VITA

Mein kulinarisches Vorbild:
Kurt Gutenbrunner, Eigentümer und Chef des Restaurants Wallsé in New York

Meine bevorzugte kulinarische Region:
Italien, speziell römische Küche

Mein Kühlschrank enthält zumindest immer:
Eine hochwertige Käseauswahl

Mein größtes kulinarisches Missgeschick:
Eigenkreation einer Geburtstagstorte für meine Frau

Beschreiben Sie Ihr Wunsch-Geburtstags-Menü:
Antipasto misto, Spaghetti alle vongole, gegrillter Schwertfisch mit Gemüse, kleiner Käseteller, abschließend Sachertorte mit Obstsalat

Wen würden Sie gerne bekochen?
Ich würde lieber bekocht werden!

Was würde ich auf keinen Fall essen:
Hirn und Augen

Heißhunger verspüre ich zeitweise auf:
Wiener Schnitzel

Essen bedeutet für mich:
Momente der Entspannung mit Familie oder Freunden

SCHARFER SARDINENAUFSTRICH

Zutaten für 4 Personen:
4 Dosen abgetropfte Sardinen ohne Öl, 4 EL Sauerrahm, Salz, Pfeffer, viel Chilipfeffer, 4 EL scharfe Tacosauce, ein wenig Senf

Die Zutaten zerdrücken und mischen, auf Schwarzbrot genießen.

Weinempfehlung: *Chardonnay*

Mein persönlicher Koch-Tipp

Möglichst natürlich und ohne willkürliche Geschmacksvermischungen; möglichst wenig süßen.

DR. ANDREAS VONKILCH

Institut für Zivilrecht der Universität Wien

KULINARISCHE VITA

Mein kulinarisches Vorbild:
Gioacchino Rossini, der sein schöpferisches Genie nicht allein dem Musendienst opferte, sondern auch die kulinarischen Genüsse nicht vergaß und der Nachwelt so vorzügliche Gerichte wie die „Tournedos Rossini" hinterließ.

Meine bevorzugte kulinarische Region:
Die Küche meiner Frau

Mein Kühlschrank enthält zumindest immer:
Einige Flaschen südsteirischen Weißwein (zumeist Sattler oder Tement)

Mein größtes kulinarisches Missgeschick:
Die Bestellung von Rotwein in einem bodenständigen Weinlokal unmittelbar nach der Überschreitung der französischen Staatsgrenze während einer Campingtour als Student; wir befanden uns allerdings im Elsass!

Beschreiben Sie Ihr Wunsch-Geburtstags-Menü:
Eine beträchtliche Anzahl von Austern in Kombination mit einer guten Flasche Champagner

Wen würden Sie gerne bekochen?
Alfred Gusenbauer – als kleines Trostpflaster für die medialen Prügel, die man heutzutage einstecken muss, wenn man sich als Politiker einen etwas gepflegteren Gaumen leistet.

Was würde ich auf keinen Fall essen:
Rote Rüben in allen Variationen

Heißhunger verspüre ich zeitweise auf:
Semmel mit warmem Leberkäse

Essen bedeutet für mich:
Den permanenten Spagat zwischen Wollen und Sollen

JAKOBSMUSCHEL-ZITRONENGRAS-SPIESSCHEN AUF INGWER-CREMEPOLENTA MIT ROH MARINIERTEM SPARGEL

Zutaten für 4 Personen:
8 Jakobsmuscheln, 8 Blätter Bärlauch oder Brunnenkresse, 8 dünne Scheiben Schinkenspeck, 2 Stangen Zitronengras, Olivenöl, Meersalz, Pfeffer, 1/2 l Milch, 1/8 l Suppe, 50 g Butter, 125 g Polenta, Salz, 50 g flüssiges Obers, 100 g eingelegter Ingwer, 4 Stangen weißer Spargel, Saft einer halben Zitrone, Saft einer halben Orange, Petersil-Knoblauch-Gewürzöl, Meersalz, Pfeffer, etwas Zucker

Für die Polenta Milch, Suppe und Butter zum Kochen bringen, Polenta einrieseln lassen, ca. 40 Minuten köcheln lassen, bei Bedarf etwas Suppe nachgießen. Mit Salz abschmecken. Den in Streifen geschnittenen Ingwer in die Polenta rühren. Zum Schluss mit flüssigem Obers verfeinern. Spargel schälen, waschen, roh der Länge nach zu dünnen Scheiben schneiden, mit Orangensaft, Zitronensaft, Salz, Pfeffer und Zucker abschmecken und mit Gewürzöl parfümieren. Schinkenspeck auf ein Brett legen, Bärlauch kurz in kochendem Wasser blanchieren, zu gleichen Teilen auf den Speckscheiben verteilen. Jakobsmuscheln darauf legen und damit einwickeln. Zitronengrasstiele der Länge nach halbieren, an der Wurzelseite zuspitzen und jeweils zwei Stück Muscheln aufspießen. Salzen, pfeffern und in Olivenöl goldbraun braten, nach einer Minute wenden und beiseite stellen. Polenta auf der Tellermitte anrichten, etwas Spargelsalat darauf platzieren und den Spieß daran anlehnen.
Weinempfehlung: *Eleganter, trockener Chablis*

Mein persönlicher Koch-Tipp

Bauernente
Erst gar nicht selbst probieren, sondern gleich auf den Pogusch fahren.

DDR. DR. ARTHUR WEILINGER

O. Univ.-Prof. für Privatrecht und Wirtschaftsrecht an der Universität Wien

KULINARISCHE VITA

Mein kulinarisches Vorbild:
Die, die es schaffen, gleich bleibend gute Qualität quer durch die Menüfolge bzw. die Speisekarte zu halten, z.B. bei Marz & Sohn, Meinl am Graben oder im Schwarzen Kamel.

Meine bevorzugte kulinarische Region:
Neben der klassischen österreichischen Küche heute vor allem leichte, würzige asiatische Kost; sehr gerne mit Curry

Mein Kühlschrank enthält zumindest immer:
Mineralwasser und guten Weißwein, vornehmlich österreichischen Riesling, sowie alle Zutaten für Pasta Asciutta – das Lieblingsessen meiner Tochter Magdalena

Mein größtes kulinarisches Missgeschick:
In der Studienzeit wollte ich einen Jogurt-Kuchen backen. Dazu hatte ich ein ganz einfaches Rezept. Keiner von drei Versuchen klappte. Damals habe ich es aufgegeben, Nachspeisen zu backen.

Beschreiben Sie Ihr Wunsch-Geburtstags-Menü:
Leberknödelsuppe, frische Eierschwammerl mit kleinem Knödel, Tafelspitz mit Dillsauce oder Majorankartoffeln, Apfelstrudel

Wen würden Sie gerne bekochen?
Liebe Freunde, mit denen man einen gemütlichen Abend verbringen kann.

Was würde ich auf keinen Fall essen:
Innereinen; einzige Ausnahme: Leber, vor allem in den verschiedenen Variationen der Gänseleberzubereitung

Heißhunger verspüre ich zeitweise auf:
Milchschokolade und Gummibärchen

Essen bedeutet für mich:
Genießen. Familie und Freunde treffen, diskutieren und gemeinsame Projekte planen. Wichtig sind dabei: ein angenehmes Ambiente und ein interessant gedeckter Tisch.

GRÜNER SPARGEL À LA BEUKENBERG

Zutaten für 4 Personen:
3 Bund frischer Grüner Spargel, frisch geriebener Parmesan, hauchdünn geschnittener San Daniele Schinken (ca. 40 dag)

Den grünen Spargel in Olivenöl scharf anbraten; Salz zufügen. Und schon ist es fertig: den Spargel anrichten, frischen geriebenen Parmesan darüber und mit San Daniele Schinken anrichten. Dazu ein Glas Weißwein. Am besten einen feinen Riesling.
Weinempfehlung: *Riesling Smaragd von Knoll oder von den Freien Weingärtnern in der Wachau.*

Mein persönlicher Koch-Tipp

Fleisch und Gemüse niemals zu Tode kochen. Und beim Fleischkauf immer beachten, dass es auch hier unterschiedliche Qualität gibt.

DR. KATHARINA WIDHALM-BUDAK

Rechtsanwältin

KULINARISCHE VITA

Mein kulinarisches Vorbild:
Je nach dem, wie eng man diese Frage verstehen will, habe ich keines oder viele (z.B. meine Großmutter, meine Tante und die Großmutter meines Mannes).

Meine bevorzugte kulinarische Region:
Türkei bzw. bei mir zu Hause

Mein Kühlschrank enthält zumindest immer:
Paradeiser und Käse

Mein größtes kulinarisches Missgeschick:
Beim weihnachtlichen Keksebacken mit Freunden habe ich anstelle von 15 g 150 g Kakao dem Teig zugefügt, worauf hin die Kekse nicht fest wurden.

Beschreiben Sie Ihr Wunsch-Geburtstags-Menü:
Zu meinem Geburtstag möchte ich eine selbstgemachte Torte bekommen.

Wen würden Sie gerne bekochen?
Meine Freunde und Familie

Was würde ich auf keinen Fall essen:
Froschschenkel und Schnecken (Insekten habe ich schon probiert)

Heißhunger verspüre ich zeitweise auf:
Paradeiser und Käse

Essen bedeutet für mich:
Essen ist neben Schlafen und Arbeiten eines der Dinge, bei denen ich nicht gestört werden will.

TÜRKISCHER AUBERGINENSALAT UND JOGURTSUPPE

Zutaten für 4 Personen:
Für den Auberginensalat: 2 Auberginen, etwas cremigen Schafskäse, viel Knoblauch, etwas Jogurt (10% Fett), Olivenöl; für die Jogurtsuppe: Jogurt (10% Fett), 1 Zwiebel, diverse scharfe Gewürze nach Belieben, viel Oregano, etwas Olivenöl, nach Belieben Reis oder Nudeln als Einlage

Auberginen in den Ofen geben und von allen Seiten gut anbacken, bis die Haut Blasen macht. Danach häuten und pürieren (notfalls auch mit der Gabel zerdrücken). Dazu kommt etwas cremiger Schafskäse und viel Knoblauch. Durch Zugabe von Jogurt und Olivenöl kann die richtige Konsistenz hergestellt werden. Mit Salz, Pfeffer und weiteren Gewürzen nach Belieben abschmecken, über Nacht stehen lassen, dekorieren (z.B. mit einer schwarzen Olive, etwas Olivenöl und Oregano) – fertig.
Für die Jogurtsuppe ist zunächst die Zwiebel kleingehackt in Olivenöl zu rösten. Danach kommen sämtliche Gewürze (Salz, Pfeffer, Paprika, Oregano, Majoran, Thymian etc.) hinzu und das in reichlichen Mengen. Diese Mischung wird kurz weiter geröstet. Danach mit Jogurt und Wasser nach Belieben aufgießen, aufkochen – fertig.
***Weinempfehlung:** Raki oder Ayran*

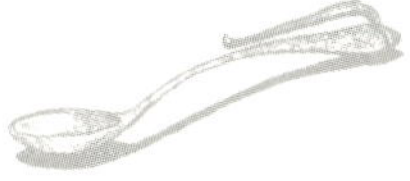

Mein persönlicher Koch-Tipp

Kräuter und Gewürze
Ich kaufe in jedem Land, das ich besuche, kiloweise Kräuter und Gewürze ein. Zu Hause kann man damit – nach einer kleinen Experimentierphase – wunderschöne Gemüsegerichte und Saucen zaubern. Mein Kochtipp lautet also: Viele verschiedene Kräuter und Gewürze verwenden!

DDR. JÖRG ZEHETNER

Rechtsanwalt, CMS Strommer Reich-Rohrwig Karasek Hainz

KULINARISCHE VITA

Mein kulinarisches Vorbild:
In Anbetracht meiner beschränkten Kochkünste würde jede Nennung eines wahren Kochgenies einer Ehrenbeleidigung nahekommen.

Meine bevorzugte kulinarische Region:
Sich auf eine einzige Region festzulegen, ist schwierig. Die Provence wäre wohl mein Favorit.

Mein Kühlschrank enthält zumindest immer:
Milch, Butter, Eier, Käse, Fruchtjogurts, Mineralwasser, Bier, Weißwein (vor allem Grüner Veltliner) und Most (für einen gebürtigen Mostviertler ein Muss)

Mein größtes kulinarisches Missgeschick:
Die größten kulinarischen „Verbrechen" habe ich gemeinsam mit meinem Bruder während unseres Studentenlebens begangen: Man koche ungefähr 3/4 Kilo Teigwaren, füge eine Dose Gulaschsuppe hinzu, ohne diese gesondert zu erwärmen, da die Nudeln ohnehin noch warm sind – umrühren. Voila!

Beschreiben Sie Ihr Wunsch-Geburtstags-Menü:
Gemischter Salatteller, Filet Wellington, Fruchtsalat mit Fruchtjogurt

Wen würden Sie gerne bekochen?
Dr. Alois Mock und Arnold Schwarzenegger. Beide haben mich durch ihren unbedingten Einsatz für Österreich beeindruckt.

Was würde ich auf keinen Fall essen:
Allergiebedingt keinesfalls Nüsse, vor allem keine Erdnüsse

Heißhunger verspüre ich zeitweise auf:
Meine erklärte Kindheits-Lieblingsspeise: „Spinat mit Eiernockerl" und auch heute noch, wenn ich eine sattgrüne Wiese mit Löwenzahn sehe, überkommt mich ein Heißhunger danach.

Essen bedeutet für mich:
In erster Linie – und das muss ich hier zugeben – das Stillen von Hunger. In zweiter Linie ist es mir aber doch sehr wichtig, was ich esse.

SCAMPI AUF LINGUINEBETT MIT RUCOLA/KIRSCHTOMATENGARNITUR

(LINGUINE AUX SCAMPI ET À LA ROQUETTE)

Zutaten für 4 Personen:
600 g Linguine, 20 Scampi (ungekocht), 1 EL Olivenöl, 100 g Streichkäse (Knoblauch und Kräuter), 150 g Tomatensaft, Safran, Salz, Pfeffer, ein schwaches Achterl trockener Weißwein, 20 Blätter Rucolasalat, 12 Kirschtomaten (= Cocktailtomaten)

Die Scampi unter kaltem Wasser abspülen und dann mit einem saugfähigen Papier (Küchenrolle) abtrocknen oder in einem Sieb abtropfen lassen. Das Olivenöl in einer großen Bratpfanne erhitzen. Die Scampi beigeben und auf einer Seite bei starker Hitze anbraten, bis sie rot werden, dann wenden und auf der anderen Seite entsprechend anbraten. Zwischenzeitig die Linguine in kochendem Wasser al dente kochen, abtropfen lassen und schließlich in eine Kasserolle geben. Sobald die Scampi beidseitig rot sind, die Hitze reduzieren, den Kräuter- und Knoblauchkäse, Safran und den Tomatensaft hinzufügen. Für ca. 10 Min bei zeitweiligem Umrühren kochen lassen. Schließlich den Wein zugeben und mit dem Kochen so lange fortfahren, bis der Saft sich um die Hälfte reduziert hat. Schließlich salzen und pfeffern. Die Linguine mit der Soße und den Scampi garnieren. Den Rucolasalat darüber streuen und das Ganze mit in der Hälfte geteilten Kirschtomaten garnieren.
Weinempfehlung: *Als Wein empfehle ich einen Grünen Veltliner, vorzugsweise aus dem Lössmassiv.*

Mein persönlicher Koch-Tipp

Viel Wert lege ich beim Essen auf die entsprechende Musikuntermalung: Derzeit würde ich eine CD von Marc Lavoine oder von Cunnie Williams, Nighttime in Paris, empfehlen.